常春藤传记馆

温儒敏／主编

U0826446

光明人生

海伦·凯勒传

许爱珠　著

長春出版社
国家一级出版社
全国百佳图书出版单位

图书在版编目(CIP)数据

光明人生：海伦·凯勒传 / 许爱珠著. —长春：长春出版社，2017.7
(常春藤传记馆 / 温儒敏主编)
ISBN 978-7-5445-4936-3

Ⅰ. ①光… Ⅱ. ①许… Ⅲ. ①凯勒(Keller, Hellen 1880-1968)-传记 Ⅳ. ①K837.127=533

中国版本图书馆 CIP 数据核字(2017)第 176757 号

光明人生:海伦·凯勒传

著　　者：许爱珠
责任编辑：朱　红　周　济
封面设计：楠竹文化

出版发行：長春出版社　　总编室电话：0431-88563443
编辑室电话：0431-88525948　　发行部电话：0431-88561180
地　　址：吉林省长春市建设街 1377 号
邮　　编：130061
网　　址：www.cccbs.net
制　　版：荣辉图文
印　　刷：长春第二新华印刷有限责任公司
经　　销：新华书店

开　　本：787 毫米×1092 毫米　1/32
字　　数：77 千字
印　　张：5.625
版　　次：2017 年 7 月第 1 版
印　　次：2017 年 7 月第 1 次印刷
定　　价：19.80 元

版权所有　盗版必究

如有印装质量问题，请与印厂联系调换　　印厂电话：0431-87923413

总　序

温儒敏

十多年前，我主持人民教育出版社高中语文教材的编写，其中选修课就专门设置有《中外传记选读》一种，我自己还动手编写了这本教材。因为受高考“指挥棒”影响，一般学校的选修课未必真能让学生自主选修，很多选修教材编出来都没有使用，但《中外传记选读》一直很受欢迎，每年都有重印。这让我对传记的阅读推广有了特别的关注。

我还注意到最近三四年高考语文试题命制的一种趋向，无论全国卷还是其他省市卷，阅读题往往都选传记作为材料。比如 2016 年全国卷的甲、乙、丙三个卷子，文言文阅读的材料全是传记，包括《明史·陈登云传》(甲卷)、《宋史·曾公亮传》(乙卷) 和《明史·傅珪传》(丙卷)；现代文阅读的实用类文本也多用传记，节选了《吴文俊传》和《陈忠实传》。可见传记阅读越来越受到重视，考试也有意往这方面引导。

中小学语文教材也应当多选一些传记。现在

教育部正组织编写一套新的义务教育语文教科书，聘我担任总主编，这套新教材就选了不少名人传记，并鼓励学生多读传记。

为什么中小学生要多读传记？我曾在《中外传记选读》的前言中说过理由，这里不妨转述一下：

> 同学们都渴望能拥有健全、快乐和成功的人生，现在的学习阶段就在做准备，而且其本身就已经是你人生经历的一部分。我们该怎样设计自己的人生？当然最重要的还是学习。除了学习文化知识，还要从历史人物或者成功的人物身上学习宝贵的生活道理、人生哲学以及获取成功的途径。这就是励志教育，是人生教育中非常重要的部分。人都需要不断添加生活的动力，特别是在年轻的时候，要有偶像和楷模，有高远目标的激励。如同英国思想家培根所说过的：“用伟人的事迹激励我们，远胜一切的教育。”让同学们从那些杰出的成功的人物身上吸取人生的经验，从前人多种人生道路的选择中寻找我们各自的“契合点”，这就是我们设立这门课的主要目的。

这里说的“设立这门课的主要目的”，其实

也是我们推出这套“常春藤传记馆”丛书的目的。

“常春藤传记馆”丛书由北京大学语文教育研究所组织编写，长春出版社出版。丛书每本10万字左右，其选目、内容和写法都是为中小学生“量身定制”的。我们希望这套丛书能作为基本图书进入中小学图书馆。和其他同类传记图书相比，“常春藤传记馆”丛书有四个特色：

一是传主覆盖范围广。包括中外古今各个领域的名人，涉及政治、军事、科学、实业、社会活动、文学、艺术、革命等领域。重点考虑有代表性的、在精神层面可以给学生激励的那些名人。

二是和课程教学有呼应。中小学除了语文，各个学科的教材和教学都会涉及中外古今各个领域的著名人物，选择主题首先考虑这一情况，选取学生有所接触又可能希望进一步了解的那些名人。这可以满足学生不同的兴趣爱好。

三是专门为中小学生编写。本套传记不是专业性强的评传，而是重在勾勒传主生平事业贡献的小传，内容和文字力求深入浅出，生动形象，有趣有味。阅读对象接受水平可以定位在初中程度，也可以稍高一点。特别是有些理科方面的传记，主要面对高中生。其实，小学生的课外阅读也要取法乎上，他们可以读这套为中等文化水平

的读者设计的书。

四是内容安排上特别注重励志及健全的人格心理引导培养，在叙说传主生平事迹时，适当地自然地凸显这些方面的思考。

丛书取名“常春藤传记馆”，有特别的含义。“常春藤”是一种多年生常绿藤类灌木。美国哈佛大学等几所著名的私立大学，组成体育联盟，叫“常春藤盟校”，其起名是因为这些老校的校舍墙上常攀缘有常春藤。本丛书以“常春藤传记馆”作为标识，是虚拟的意象，可以联想到著名的学府，也可以联想到古代的书院，从而营造浓郁的阅读氛围和宁静的心境。另外，“常春”和“长春”同音，暗含这套丛书是由长春出版社出版的。

但愿广大师生喜欢这套书，也期盼大家提出批评建议，共同来经营好这套书，让“常春藤传记馆”更好地满足广大读者，特别是中小学生课外阅读的需求，满足语文教学的需求。

2016年6月30日济南历下

（温儒敏，山东大学一级教授，北京大学中文系教授，教育部聘义务教育语文教科书总主编）

前言

在近代史上，有一位伟大的女性，她以其独特勇敢的传奇人生，震撼了整个世界。她的名字叫海伦·凯勒。

有谁体验过失明的痛苦？那是一种无尽的黑暗，令人恐惧。本来失明已经够不幸了，如果还要加上失聪，那会是怎样的绝望？而这样巨大的不幸，就真真切切降临在海伦·凯勒身上。在其人生的 88 个春秋，有整整 86 年零 5 个月，是在无光、无声的黑暗岁月中度过。然而正是这位生活在黑暗寂静世界中的女子，给人类带来了光明与温暖，她用坚定的信念和行动，留给我们极其宝贵的精神财富，创造了正常人也难以企及的非凡成就，给予了人之为人最完美的诠释。著名作家马克·吐温曾这样评价：19 世纪出现了两位了不起的人物，一位是拿破仑，一位就是海伦·

凯勒。

这位与拿破仑齐名的奇女子，幽闭在盲聋世界里，经历了常人无法想象的坎坷，付出了常人无法想象的努力之后，最终进入哈佛大学雷德克利夫学院，这是一所常人很难考入的世界最高学府。大学时代，她撰写了《我生命的故事》，用极富魅力的语言，讲述了自己如何战胜病魔的人生历程。她告诉世人，只要心中有光明，黑暗与寂静就并不存在。书中所呈现的勇敢和坚毅的精神，给成千上万的残疾人乃至正常人带来巨大的鼓舞。后来，这本书被译成50种文字，给全世界送去了福音。

海伦·凯勒不仅是一位优秀的作家，也是杰出的教育家、卓越的社会活动家。她为了给盲人、聋哑人筹集发展资金，曾到美国各地以及欧洲、亚洲发表演说。第二次世界大战期间，她曾奔赴世界各地，访问了很多医院并慰问失明士兵，筹建了许多慈善机构，为残疾人造福。海伦·凯勒受到人们的广泛崇敬，并被美国《时代周刊》评选为20世纪美国的十大英雄偶像之一。

1964年，海伦·凯勒被授予美国公民的最高荣誉——总统自由勋章，次年又被推选为世界十大杰出女性之一。

就人的局限挑战以及奉献服务而言，海伦·凯勒对人类的独特价值，堪称举世无双。

以下，就让我们走进海伦·凯勒黑暗却又光明的一生吧。

目录 contents

第一章
失聪失明的童年

生在凯勒家族

1880 年 6 月 27 日，美国南部亚拉巴马州的塔斯坎比亚小镇，一个普通而又温暖的日子。一条健康而美丽的小生命降临在凯勒家族。父亲抱着小小的她去教堂正式受洗，牧师问他："您这孩子叫什么名字?"父亲说："就叫海伦·凯勒吧。"这孩子一生下来，就成了家中最受宠的对象，给整个凯勒家族带来无限的欢乐。这个来自瑞士的家族，在无比艰难的移民过程中，磨砺出了坚忍不拔和永不屈服的家族品格，这是一种弥足珍贵的精神财富。海伦的祖父老凯勒，获得了美国南部荒芜的亚拉巴马州塔斯坎比亚镇的一大片土地，整个家族就定居在此，成了当地有名的

望族。老凯勒每年都要专门骑着自己的爱马，从塔斯坎比亚去往 700 多英里（约合 1126 千米）以外的费城采购物资。安土重迁的思想并没有使得这个瑞士大家族深感异乡的窘迫，反而使之在激流中迸发出无限的生命力，深深根植于亚拉巴马，带出一段富有历史传奇色彩的故事。

值得一提的是，老凯勒在外出的日子里，常常会在途中写信回家。信中除了报平安，最有趣的就是他对沿途风景、人物、故事生动而又详细的描述，就像在写历险小说，所以家人一直很喜欢收到他的信件。祖父这种独特的爱好，无意中给童年的海伦提供了关于远方的美好想象，也使得年幼的海伦借助祖父绘声绘色的描写，对未知的外面世界充满了奇妙的情感体验。海伦的祖母则出生在弗吉尼亚州一个显赫的家族，是首任州长的孙女。

海伦·凯勒的父亲——亚瑟·H·凯勒，在美国南北战争时期，任南方军队中的一名上尉。这位坚毅勇敢的父亲，非常爱自己的家庭，他对孩子的管教温情而又严厉，对不幸的小海伦尤其疼爱。

海伦的母亲凯蒂·亚当斯，也有着非常不错

的家世。她的父亲也就是海伦的外祖父，是南方军队中的一名准将。外祖父全家在第一次世界大战后，定居在田纳西州的孟菲斯。凯蒂·亚当斯是亚瑟的第二任妻子，她温柔而又贤惠，与丈夫十分恩爱。

拥有父母最多的爱，这是小海伦不幸中的万幸。最重要的是凯勒家族拥有殷实的物质基础，海伦最终有条件接受良好的教育，都建立在这一前提之上。

海伦·凯勒和父母住在一栋小别墅式里。这栋小别墅建于南北战争之后，紧邻着海伦祖父的大别墅。这里简直就是“绿色天堂”，屋内温馨舒适，屋外风景优美。花园里有葡萄藤、蔷薇花、金银花等各种植物，蜂鸟和蜜蜂在黄玫瑰、牛尾草间飞来飞去，一派旖旎的田园风光。祖父家的大花园就更漂亮了，不仅有香喷喷的茉莉花，还有美丽的蝴蝶荷以及许多散发出浓郁香味的花草。最诱人的是一种有枝蔓的玫瑰花，它们从大门上垂挂下来，每当微风吹拂，附近便充满了高雅清幽的花香。尤其是在清晨，沾着露水的清香更令人心旷神怡，心醉不已。

还没有生病的小海伦，对这个爬满花藤的小

别墅居然留下了十分美好的记忆，这段绝无仅有的生命体验，海伦一直珍藏在记忆深处，它是激发海伦追求美好人生的起点。正如海伦在自传中所说：“虽然我只拥有过19个月的光明和声音，但是我仍可以清晰地记得——宽广的绿色家园、蔚蓝的天空、青翠的草木、争奇斗艳的鲜花，所有这些一点一滴都铭刻在我的心坎儿上，永驻在我的心中。”或者说，与自然为伍、与草木同行的幼年生活，成为小海伦今后面对苦难却始终热爱生命的出发地。失聪失明之后的小海伦正是凭着对气味的敏感和想象，在这里流连忘返，把绿色花园变成了生气勃勃的童年天堂。年幼的海伦甚至无师自通，尝试将自己的脸颊轻轻贴在花园的树叶和草木上面，去感受万籁俱寂的大自然力量。

另外，海伦还拥有过人的天赋，并从小就表现出了聪明好学的品质。海伦曾回忆说，1岁生日那天，母亲把她从浴盆里抱出来，让她坐在大腿上，这时，窗外的阳光映在地板上，轻轻摇曳着的树叶影子，一下子就吸引了她。她急忙从母亲腿上滑下来，开始一步步地、摇摆不定地朝着树影走去。这让母亲简直惊奇不已。当然，不一会儿她就摔倒在地上，哭喊着要妈妈把她抱起来。才6个月大的时候，海伦就能说简单的词汇，能尖着嗓子说“你……好”，也包括说出对她而言有着深刻含义的“水”这个词。

事实上，她对一切事物都充满了强烈的好奇心和求知欲。

大病之后

1882年2月的一天，小海伦突然病倒了。医生诊断为急性胃充血以及脑充血。海伦一直高烧不退，几度陷入昏迷。全家人尤其是海伦的母亲万分焦急，但母亲仍然在孩子身边打起精神温柔地抚慰着，让小海伦有了精神依靠。虽然医生用尽了一切办法，但是孩子的病情却仍不见好转。当大家都陷入绝望之际，奇迹发生了，海伦高烧终于退了。然而谁也没有料到，另一个可怕的灾难正在悄悄地降临。高烧退去之后，海伦发现她只能看到家人的唇角在动，却是不知道他们在说什么。她想要转动眼球，看看此时此刻陪伴在身边的家人，却始终难以完成这个简单的动作。随后她的视力开始逐渐减退，看不清蔷薇花的颜色，也看不清蓝天，混沌一片，直到最后完全看不见。

这场高烧最终导致孩子的视觉神经和听觉神经完全被损坏。年幼的海伦就像是被突然抛进了一个冰冷、阴暗的深渊一般，猝不及防。从此，在她的世界里，失去了声音和光明，色彩只留在了回忆里。海伦眼前只剩下一片黑暗，分辨不了白天和黑夜。一开始海伦以为这只是一场噩梦，当发现原来一切都是真的，便彻底被吓到了，一种难以描述的恐惧开始袭上她的心头。她蜷缩在角落，不和任何人接触，企图逃离这一切。

醉人的风景，美丽的蓝天和绿地，树木和鲜花，都成为海伦幼年的过往。渐渐地，她习惯了黑暗，习惯了寂静，习惯了沉默。

然而求生是生物的本能，生活毕竟要继续，吃饭喝水睡觉终究要完成。这时候，海伦最依赖的母亲发挥了重要的作用。只有母亲才能领会海伦看似奇怪的动作的含义。海伦想吃冰淇淋，做了一个开冰箱的手势，妈妈赶紧去拿；海伦要吃面包，做了一个切面包的动作，妈妈很快端到她面前。她还经常坐在母亲的腿上或是扯着母亲的衣角，跟随母亲走动。她用触觉来分辨一些动作，并尝试着用点头来表示“YES”，摇头代表

"NO"。母亲的慈爱和智慧，使她在茫茫黑夜中获得了一点儿慰藉。

海伦开始自己发明一些手势来和别人进行交流。她需要适应这黑暗寂静的世界，应付生活中一些简单的事情。比如想要吃饭的时候，她便用手模仿刀叉的样子。她尝试着用手去触摸每一件东西，逐渐融入家人正常的生活中。

到 5 岁的时候，她已经能够叠衣服，并将衣物分类码好收放起来。她甚至可以从母亲每次梳妆打扮的行为中，判定她今天是在家里还是要外出。每当家里来客人的时候，聪明伶俐的小海伦便异常活跃，常常受到客人的赞誉。要送客了，海伦起身扬起小手，跟客人友好地告别。"再见"这个手势一直深藏在年幼的海伦记忆最深处，而一般的盲人是不会有这样的意识的。

然而日渐长大的海伦发觉有限的手势已经不能很好地表达她的内心，她急迫地要把自己的思想表达出来，但她与世界的沟通又是如此艰难。渐渐地，她的性格变得乖戾，脾气反复无常。她无法控制自己的情绪，经常因为一些小的事情而大发脾气。和家人之间的沟通出现障碍时，她发泄的唯一方式便是让自己沉沦在焦躁的情绪中，

她用肢体语言疯狂地表达，吼叫，哭闹，踢打，似乎只有这样才是最好的表达方式，直到累得筋疲力尽。

偶然的一次机会，海伦发现母亲和别人交流的时候是用嘴巴说话，于是她也尝试着张开嘴巴发出声音，却根本没有谁明白海伦在说什么。事实上，大家只能听到海伦在一个劲儿地哇哇叫。其他人之间的交流是用嘴巴的，而不是像自己一样用手比画。一想到这里，海伦就特别生气，开始大发脾气。事实是她终于知道了自己和别人是不一样的，她开始狠狠踢打着身边的东西来宣泄自己身体上、心理上的不满意，开始为了一些小事而无理取闹，即使心里知道这样是不对的。但是当急躁的情绪控制她的时候，她却无能为力。

亲密伙伴

那个时候，勉强能够和黑暗中的海伦交流的，除了亲爱的母亲，还有最为亲密的两个伙伴，一个是厨师的女儿——玛莎·华盛顿，另外一个是跟海伦朝夕相处的老猎狗——贝拉。

玛莎是个黑人女孩儿，心地善良且善解人意。她在跟海伦相处的过程中，能很快弄明白海伦想要表达的意思，因此她俩在一起一点儿都不费劲儿，反而非常愉快。小海伦需要自己的安抚，玛莎明白这一点，于是在和海伦的交流中总是尽力地去领会海伦所要表达的意思。也正是在这样的交流中她们萌生了一种深厚的情谊。

海伦和玛莎的很多时光都是在厨房里度过的，她们在厨房里揉面、做冰淇淋大餐，或者直接拿着食物往火鸡嘴里乱塞。两人也常会因为做糕点的意见不一致而吵来吵去。但因为海伦是小主人，个性强悍，玛莎总是会让着她。她们是一对快乐天真的小伙伴。

她俩之间还有很多有趣的经历。比如有一次，她俩在后院玩儿，一只大火鸡冷不丁把海伦手上的番茄叼走了，当时把海伦气得够呛，却又无可奈何。不过，聪明的小海伦通过这件事反而受到启发，学会了唆使玛莎把厨房刚出炉的饼给偷走，然后两人十分开心地躲起来，一起分享胜利的成果。即便偷了半生不熟的食物，经常吃坏肚子，她们仍然乐此不疲。她们还喜欢去隐秘的地方寻找珍珠鸟。每当念头一产生，海伦就会用双手合成圆形，放在地上，这时玛莎就会明白海伦的意思，她要去寻找珍珠鸟的蛋了，于是两个

人便兴致勃勃地出发了。要是有幸找到了鸟蛋，海伦会用手势告诉玛莎，不要拿着蛋，否则一摔跤就会打碎的，要找大人来。

真是聪明的女孩啊！

两个小女孩儿乐呵呵地在谷仓、乳牛场、马厩嬉戏玩耍着，这里简直就成了她们的天堂，她们像极了天国乐园里的天使。她和玛莎还经常去奶牛场玩耍，挤牛奶的工人常常让她们去触摸奶牛，有时候工人还会允许她们去触碰奶牛的乳房，若是奶牛被摸得不舒服了，就会用尾巴抽打她们，让海伦觉得又怕又刺激。

这样的经历使得年幼的海伦对世界总是保持着足够的好奇心，让海伦终身受益。

准备圣诞节的活动也是一件开心的事情。当然，年幼的海伦还不太明白这个节日的意义，但一想到能够吃到各种各样的美味食物，她便开心起来。她跟玛莎在家人允许的情况下，一起调饮料、选干果，再顺便做自己喜欢的小点心吃，这时候真是开心极了。她模仿别人把长袜子挂起来，然而不像别的孩子天没亮就爬起来，看袜子里装进了什么礼物。

除了玛莎，小海伦的另一个童年玩伴是一只

名叫贝拉的老猎狗。

贝拉是海伦的父亲打猎时最得力的助手，年轻的时候可是勇猛无比，立下了不少“战功”。如今由于年纪大了，开始变得懒惰起来，没事的时候经常窝在炉火旁打盹儿。睡久了起来伸个懒腰，过一会儿又躺下去。不过，贝拉跟海伦最为亲近，海伦走到哪里，它就跟到哪里，俨然是小海伦的保护神。天真的海伦尝试教贝拉一些手语，可惜它毫无反应，根本没理会海伦。尽管如此，海伦还是显示出了她的极大耐心，她经常努力指挥着老猎狗去完成一些动作，而贝拉只是站起来，又躺下去，这让海伦兴致勃勃的指挥变得毫无趣味，只好又去和玛莎玩儿。

童年总是一个让人难以忘记的花季，当这些零星回忆开始拼凑在一起的时候，一切都变得那样妙不可言。即使是一个黑暗无声的世界，也让人回味无穷。

爱若摇篮

如果要说海伦与一般的盲哑孩子有什么不同，那就是海伦生性好动，总是精力充沛，总是那样的调皮，会做出很多莫名其妙的事情，让大

家震惊一番。有一次，海伦在忙的时候，不小心把水弄到围裙上，打湿了围裙，她就尝试着把围裙拿到火炉上烤，结果自己忘记了时间，最后直接把围裙烧着了，她吓得狂叫起来。幸亏家里的老保姆及时赶过来救了她。

这样的闹剧是经常上演的。就在玩火事件之后不久，海伦又发现了钥匙使用的秘密，通过自己的兴趣钻研逐渐学会了使用钥匙，并且干了很多事儿。有一次，她竟然调皮地把母亲锁在了家里的储藏室里，长达 3 个多小时。母亲一直在储藏室里面使劲地喊着："开门，有人吗?"而玩儿性大发的海伦装作不知道，自己在台阶上开心地笑个不停。

也正是这样的顽劣，促使她的父母决定找一名家庭教师来管教海伦，毕竟长此以往，会影响海伦的健康成长。

当然这是后话了。

在海伦 5 岁的时候，他们一家就从"绿色天堂"的庄园里面搬了出来，父亲、母亲、两个哥哥和妹妹一家六口，搬进了另外一所大房子。

那时，海伦经常磕磕绊绊地绕过一堆旧报纸，来到父亲身边。聪明的海伦发现父亲每次都拿着一张报纸看来看去，她尽管不知道父亲在干什么，但好奇心的驱使也让她学着父亲的模样儿，戴上父亲的眼镜有板有眼地看起报纸来。原本海伦以为这样就可以搞明白父亲每天干什么了，但是直到很久以后，她才明白，原来父亲是一家报社的编辑，负责文字校对、改写等工作。

海伦的父亲朴实厚道，慈祥友爱，并且家庭观念特别强，特别爱自己的家人。除了打猎的时间之外，他很少离开家人。周围的邻居以及家人朋友都说，海伦的父亲是个十分出色的猎手，每次打猎的时候，枪法很准。他喜欢猎枪和狗，还非常喜欢交朋友，常常带几个人回家做客，凯勒太太也因此忙前忙后的。

凯勒上尉有很多癖好，除了猎枪和狗，他还喜欢养植物，他曾把庄园里的“绿色天堂”打理得井井有条。邻居们都说，凯勒上尉种出来的草莓、西瓜等水果是最好吃的，而且他们家的花长得也好看。他疼爱小海伦，因此经常带着海伦来果园摘新鲜的草莓、葡萄，让年幼的海伦感到了父爱的温暖与宽厚。

海伦的父亲还是会讲各种各样故事的高手，懂得生活的乐趣。后来，海伦在老师的帮助下学会了很多单词，而且能够流利地拼写出来。父亲就把很多有趣的故事描述给海伦，顺便给海伦拼写很多单词，父亲经常用温暖的手指在她小小的掌心上比画着，让她感到从未有的快乐。当然父亲也很开心地体会着年幼的海伦一遍又一遍地复述自己写给海伦的故事。

母亲对海伦的爱比父亲更加细腻、温柔，她是如此用心地呵护海伦，反而使海伦后来在谈及母爱的时候，竟然无言以对，不知道怎么表达自己内心那份真切的感情。

从出生到现在，海伦都在爱的包围中成长，她或许早就习惯了这种温情的生活，一直到妹妹米尔的降生，才使得海伦在这个家庭中的地位发生了改变。

海伦把妹妹完全看成了争宠的竞争对手。有趣的是，这好像是所有家庭中的姐姐都要面临的问题。在海伦看来，妹妹取代了她在母亲心目中的位置，妹妹常坐在母亲的膝上，那是海伦十分熟悉的地方，曾经是海伦的专属，如今却让妹妹占据了。海伦顿时觉得万分委屈，她开始变得烦躁不安。

终于一场冲突被引爆了。

海伦有很多的玩具，其中她十分喜欢一个洋娃娃，经常爱不释手地玩儿着。她给它取了个名字叫“南希”，它是海伦高兴或者愤怒时候的倾述对象。她会把它放到摇篮里面，甚至学着母亲照顾自己的样子安抚它，照顾它。她爱它比其他玩具都要多，它就如同年幼时候海伦的玩伴一样。在她的意识中，摇监是用来照顾南希的。

这一天，海伦发现妹妹米尔正惬意地躺在摇篮里睡觉，这不禁让她勃然大怒。她径直冲到摇篮边上，双手用力摇晃，想把摇篮推翻。还好母亲及时赶来，把妹妹抱起来，才避免了一场可怕的灾难。

想想也是，此时的海伦不仅失明，而且失聪，正处在人生的低谷期，孤独和嫉妒占据着她的内心，她没法理解那些过于亲密的言行以及与同伴儿、朋友间产生的情感，一颗孤独的心深埋在她的身体里。

当然，这种情况随着时间的流逝，也得到了改变，人性的力量逐渐在海伦内心苏醒。海伦渐渐懂事了，知道了对和错，也时常带着妹妹逛这儿逛那儿，两人一起牵着手在家里走来走去，享受着家庭所带来的幸福和爱意。海伦跟米尔经常用手比画着，脸上洋溢着笑容，尽管米尔也不懂

她在表达什么，但至少两人变得越来越亲近。

与妹妹米尔相遇，是海伦童年生活里的一段美好经历，母亲把无尽的爱与关怀给了两人，让她们的世界变得越发美好。

希望之旅

随着年龄的增长，海伦越来越想把自己心中所有的想法都表达出来，却变得越来越困难。这已经成了非解决不可的问题了。

父母对此感到十分苦恼，但是又想不出更好的办法来解决这个问题。毕竟，在他们居住的这个小镇，没有什么像样儿的学校可以招收盲聋哑儿童，更谈不上能够教育海伦这样天资聪颖的孩子。事实上，因为路途遥远、地处偏僻，也没有老师愿意到乡下来。那时候，人们都认为像她这样的孩子不会有书读，也不会有人愿意教她。

事情终于出现了转机。海伦的母亲凯蒂偶然读到了英国著名作家狄更斯的《美国札记》一书，开始对海伦的教育萌生了一丝希望。狄更斯在书中详细地记录了一位名字叫罗拉的聋哑女孩儿，如何在杰出的盲哑儿童教育家郝博士的教育下成长的故事。凯蒂感到十分高兴，这让她看到了海伦的未来。她开始四处打听这位教育家在哪里，结果却是那位郝博士已经去世了，凯蒂不禁十分沮丧。但她仍不死心，转念一想："郝博士应该会有学生吧？若是有，他会不会愿意到这个偏僻的小镇来教海伦呢？"

终于海伦父亲的一位朋友带来了一个好消息：有一位叫霍尔姆的眼科医生在巴尔的摩地区，他的医疗技术十分高超，治愈了许多盲人。

那年海伦才 6 岁，还有漫长的人生旅程在等着她。凯勒夫妇毫不犹豫，决定抓住这一丝希望，带海伦去巴尔的摩治眼睛。

凯勒夫妇带着海伦出发了。

对于充满好奇心的海伦来说，这当然是一次非常愉悦的旅行。她并不真的明白要去干什么，但新鲜的旅途环境足以让她开心不已。因为活泼好动，她在火车上认识了很多新朋友。有一位姐姐送给她贝壳做礼物，父亲就把贝壳打孔，让海伦用线串起来玩儿。列车员对海伦也格外友善，让她随意玩儿检票的小剪子，每次来查验车票时，海伦都可以随意扯她的衣角玩儿，列车员也总是依着她。就这样，她开心地在座位上玩耍着，毫无旅途的倦意。

他们很快便到了霍尔姆医生的诊所，霍尔姆医生非常热情地接待了从远方赶来的一家人，并立即安排给海伦做了全面检查。不幸的是，霍尔姆医生对海伦的病情也无能为力。然而出于医者的使命感，霍尔姆还是鼓励他们去接受聋哑教育，帮助海伦健康成长。霍尔姆医生推荐父亲带着海伦到华盛顿拜访贝尔博士，因为贝尔博士有更多的聋哑学校和这类教师的信息。

巴尔的摩的旅程尽管有些沮丧，但是霍尔姆医生的建议又让他们看到了希望。随后，他们一家人便动身前往华盛顿。

在路上，忧心忡忡的父母小声讨论着，对华盛顿之行做了各种设想，最担心的就是没人愿意接收海伦。但是，年幼的海伦却没有任何察觉，只是一味沉浸在自己的世界里，尽情享受着旅途上的欢乐时光。

终于到目的地了。

淘气的小海伦第一次接触贝尔博士却一点儿也不认生，很快就跟他熟识起来。贝尔博士把海伦抱在自己的膝盖上，甚至摘下自己的手表给她玩儿。博士拨动手表的指针，然后让海伦用手去感受指针的振动。这让海伦感觉到很有乐趣。海伦还发现贝尔博士很懂她的手语，她高兴极了。

直到后来，海伦才明白，贝尔博士是个多么了不起的人物！他不仅是一名优秀的盲哑教育家，还是一位伟大的发明家。而且对她的人生而言，这次会见其实尤为重要，因为这标志着海伦从此真正打开黑暗之门，走向光明。她将告别孤独，步入全新的世界，并迈入知识和博爱的大门。

贝尔博士也很喜欢海伦，他发现这个女孩儿是个天资聪颖的可造之才，于是他建议海伦的父亲写信给波士顿伯金斯盲人学校的校长安南库诺斯先生，请求他帮海伦物色一位年轻的启蒙老师。伯金斯学校是贝尔博士曾经工作过的地方，是一所非常棒的盲人学校。

回到家以后，凯勒上尉马上写信给安南库诺斯校长。仅仅过了两个星期，他就收到了校长的回信，而且在信中得到一个好消息：老师找到了，请勿担心。

这个时候已经是 1886 年的夏天了。

第二年的 3 月，海伦家终于迎来了安妮老师。海伦生命的春天真的跟自然之春一起来了。海伦的人生也从此开始了一个新的篇章，光明之火即将被点亮。

第二章
心灵的启蒙

光明初现

1887 年 3 月 3 日，这是海伦·凯勒一生之中最重要的日子。她一生的老师兼益友——伟大的安妮·沙莉文老师来了！

安妮·沙莉文老师的到来，如寒冬里的一抹阳光，终于把海伦从冰冷的黑夜带到了温暖的光明世界。

午后时分，明媚的阳光透过庭院里茂盛的金银花枝叶，照在海伦可爱的小脸上。小海伦从家人不同寻常的忙碌中，敏感地察觉到家里将会有什么事情要发生。为了排遣内心的疑惑和烦闷，她不停地蹂躏着可怜的金银花叶子。一般来说，一个正常的孩子都有天生的求知欲，对未来总是充满了美好的想象。可海伦不一样，在黑暗未知的世界里日复一日地生活着，身边没有一个人能完全理解她、帮助她走出黑暗无边的世界。虽然亲人们如此宠爱着她，但她还是常常不知道该做什么，也不知道接下来会有什么样的事情发生。无数个焦躁不安的日子，已经把小海伦折磨成一头愤怒的小海豹，除了愤怒还是愤怒。

如今，改变这一切的人终于来了！这就是安妮·沙莉文老师——海伦生命中最重要的人。

其实，安妮老师也是一个苦命的姑娘。

安妮出生在一个贫困的家庭，她的父母是爱尔兰人。由于爱尔兰常年闹饥荒，父母在1860年移民到了美洲新大陆，在马萨诸塞州的小村庄——食禄岗定居。安妮全家在美国的日子比爱尔兰要好一些，但依旧不富裕。三岁的时候，安妮不幸患上了“沙眼”的疾病，这种病现在很容易治愈，但在当时是只有富人才能治得起的病。为了治病，全家陷入了困顿之中。祸不单行的是，安妮的母亲已经怀上了弟弟吉米，却又患上了肺结核。莎莉文先生在巨大的压力之下，终于崩溃了，开始借酒消愁，变成了一个十足的酒鬼。不久，安妮的弟弟吉米出世了，但是他一生下来就体弱多

病，臀部还长了一个很大的肿瘤。一个整日醉酒的父亲，一个体弱的母亲，还有一个需要照顾的弟弟，面对这样的家庭，安妮开始变得很暴躁，常常莫名其妙地发脾气。很显然，这个破碎的家庭已经没有办法再维持下去了。在母亲因病去世后，父亲也离家出走了，这对姐弟最终被送往救济院。而这个救济院其实是一个收容所，许多无家可归或没有生存能力的人都到了这里。

可怜的安妮和弟弟吉米在这里相依为命，战战兢兢，根本不知道未来会怎样。没过多久，安妮的眼睛越来越坏，吉米的病情也在继续恶化。终于在一个寒冬的夜晚，安妮还在熟睡时，弟弟吉米离开了人世。

在这个世界上，安妮沦为孤儿。

好在命运没有抛弃这个可怜的女孩儿。1880年，偶然的一次机会，因为眼睛一直看不见，安妮被推荐到伯金斯盲人学校学习，并且得到了这个学校的老师莫丽女士的真诚帮助。更幸运的是，安妮的眼睛经过两次手术，视力恢复了很多。

好事成双。与此同时，无依无靠的安妮还认了霍布金太太为义母。善良无私的霍布金太太把安妮照顾得非常好，让安妮感受到了久违的母爱。在毕业典礼那天，安妮穿着义母精心缝制的礼服，站在台上做毕业生代表发言，安妮流下了激动的热泪。

正是由于霍布金太太、伯金斯盲人学校的老师等高尚之人的无私帮助，安妮最终以优异的成绩从学校毕业，并被推荐为海伦的家庭教师。

有时候，不得不说，当上帝关上了一扇门，一定给你打开一扇窗。而安妮的苦难和传奇的经历，就像是海伦人生的前奏。

远道而来的安妮，虽然舟车劳顿，但是一到目的地，她便迫不及待要见海伦。她太想了解自己即将要面对的学生了。

顺着凯勒上尉所指的方向，安妮终于看到了海伦。只见一个结实健壮的小女孩儿正站在门口的阴影处，边上有绿色的爬藤掩映。她的上衣纽扣犬牙相错，没有一个扣眼和纽扣系对了，咖啡色的鞋子上，沾满了泥巴或者灰尘，而那双小脏手则使劲儿地揪着藤叶，可怜的藤叶正被一片一片撕碎。

原来，聪明的海伦已经感觉到了马车驶进门来，她以为是母亲坐马车回来了，正全神贯注地等候着。

看到这里，安妮不禁哭笑不得，同时也很惊讶："怎么没有人关心这个小孩儿呢?"后来，安妮才了解到原来是海伦太调皮捣蛋了，根本不听任何人的管教，只要有人靠近她，她便狂暴发怒，她这副模样儿都是自己捣蛋的结果。

安妮轻轻踏上台阶。当她的脚一触到台阶，海伦马上感觉到了穿过脚底增强的振动。海伦一直等待着母亲，这几天母亲经常出门，海伦又无法用言语表达她的喜怒哀乐，只能用肢体去传达，所以她张开双臂，跳进来人的怀里，安妮一把接住了她。海伦这才发现，迎接她的是一位陌生的女人。

凯勒家专门为安妮腾出一个房间，收拾得淡雅别致。凯勒上尉放下安妮的皮箱，温和地对安妮说："你慢慢整理吧。"

小海伦一直跟着他们走进来，摸索到安妮的房间，凯勒上尉向安妮做了一个手势，示意要带走小家伙。

安妮看了一眼孩子，说："让她留下来吧，没关系，我们迟早要互相认识的。"

安妮打开皮箱，开始整理东西，她同时偷偷观察起海伦来。而海伦对这个陌生的客人的一切也充满了好奇，她黏乎乎的小脏手跟着安妮的动作上上下下，无数次打开又关上皮箱，安妮自言自语道："你这顽皮的小东西!"

摸到安妮的旅行便帽，海伦好像知道这是什么东西，她拿了帽子戴在头上，笨拙地在下颌打了结。她摸索着站到镜子前面，昂头，偏左、偏右侧视，又上下打量。安妮不禁大笑，"你这个小顽皮，学得可真不错。你看过妈妈这样照镜子，是不是?"

忽然，她停住笑声，愣在了那里。海伦的慧黠灵巧，居然让她忘记了这孩子是一个听觉、视觉全无的残障儿。

安妮用犀利的眼光盯着海伦解开帽结的小手指，脏脏的小手还在东抓西摸，只不过又在另寻花样儿去了。

看到这里，安妮内心突然激动起来，这个孩子太聪明了，她坚信海伦一定能够用她自己的手去充当眼睛，打开枷锁，重获自由!

第一次拼写

安妮离开波士顿时，伯金斯学校的小女孩儿们给安妮准备了礼物——一个漂亮的洋娃娃，还专门给娃娃缝了一件漂亮的裙子。大家想让这个娃娃代她们一直陪伴着安妮。她们把娃娃放进安妮的箱子里，想给她一个惊喜，可海伦好动的小手早就摸到了它。

洋娃娃！多么亲切、熟悉的东西啊。虽然在海伦的房间里有一大堆各种各样的洋娃娃，但海伦还是非常喜欢它，她用力把它从箱子里拉出来，紧紧地抱着。

见此情景，安妮灵机一动，她顺势拉过海伦的小手，她的手心里拼写了“Doll（玩具娃娃）”这个单词。海伦感觉到了安妮在拉她的手。出于自我保护，她从不喜欢别人触碰她。但这一次，她的好奇心克服了厌恶感，她想知道安妮在她手上到底想画些什么。

“Doll”，安妮一次又一次把这个单词写在海伦的掌心，然后指导海伦去感受这个娃娃。“Doll?”娃娃？起初，海伦完全摸不着头脑，不能理解两者之间的联系，这样的动作来回了多次，海伦开始有所领悟。但是，对于一个生活在黑暗世界中的孩子来说，要完成这样抽象的理解，注定是个曲折艰难的过程。这不，当安妮伸手拿开娃娃，想再次在海伦的掌心里拼写“Doll”

这个词的时候，海伦并不能理解到这些，相反，她以为眼前这个陌生人要来抢走娃娃。

她立刻变成了一只好斗的小公鸡，脸也涨红了，并不断地发出充满威胁的低吼，同时握紧拳头向安妮扑了过去。安妮眼疾手快，避开了。海伦再次挥拳过来，安妮费了好大的力气才制服了这个愤怒的小东西。

接下来的日子里，安妮老师又开始给她拼写一些生活中常用的单词，比如别针、帽子、茶杯、坐、站、走之类，但海伦仍然不知这些词的意思。

有一天，海伦正在玩儿一个新娃娃。安妮老师把另一个大的娃娃同时放在她膝上，并在她手上拼写“Doll”这个词，让她理解什么是“Doll”的含义。

这一下，海伦终于明白了！

安妮的教育获得了第一次成功。海伦笑了，她紧紧抱住了两个娃娃。

啊！原来，娃娃就是“Doll”呀。

餐厅里的战争

虽然海伦已经开始跟着安妮学单词，但是在海伦眼中，安妮仍然是个陌生人，不愿接受她的

管教。毕竟，安妮来到凯勒家时间不长。

于是，安妮与海伦随时都在斗智斗勇。她们有时针锋相对，有时各自保留，都暗中观察着对方，伺机予以反击。不过，沉稳的安妮还是满怀希望："再过一段时间，相信小家伙会慢慢变乖的。"

不久之后的一场大战，让她们都高度警惕起来，谁也不能再含糊装傻、不计成败了。

一直以来，由于父母的宠爱，海伦在饭桌上从来就不遵守所谓的规矩。其实，她明明知道使用刀叉和汤匙的正确方式，但是就不肯那样做，她更愿意用手去抓取食物。她特别享受这种毫无顾忌的行为。更恶劣的是，她不仅抓自己盘子里的东西吃，对其他人盘子里的食物也是随便下手，肆无忌惮。她的鼻子如此灵敏，以至于能迅速辨别其他人盘子里不同菜肴的香味儿。安妮第一次看到海伦污秽的小手伸到别人盘中，恣意抓起自己喜欢的菜时，她简直目瞪口呆。她不得不佩服这个小家伙的聪明灵活，同时心里却在盘算着如何帮助这个孩子纠正这些恶劣的行为。不过海伦还没有侵犯到她的盘子里来，她只能选择事不关已。毕竟，管教这孩子的时机还不成熟。

这天早上，全家人在一起吃早饭。

海伦很快从安妮的盘子里闻到了诱人的香肠味儿。她慢慢蹭到安妮的椅子旁边。香肠是海伦最爱吃的，但那是一个陌生的外人的盘子，跟自己还不熟啊，她不敢贸然靠近。

海伦围着餐桌转了一圈，仔细闻了闻其他人盘子里的食物。嗅觉告诉她其他人的盘子里已经没有香肠了，她又走到这个陌生人旁边。香肠是如此的令人垂涎，无法抗拒！海伦飞快地伸出手，安妮一下子按住海伦的手。海伦吓得想要抽回手，但为时已晚，安妮把它紧紧按在桌上，让海伦无法动弹。接着，安妮将海伦的手指头一个一个从香肠上拨开。

凯勒上尉看不下去了，他一向溺爱这个女儿，这次自然也是。面对此景，他颇为不快，向安妮提出把香肠让给海伦。

安妮深深吸了一口气，尽量以平静的口吻说道："凯勒上尉，我知道海伦有残疾，我们都很可怜她，但就是因为我们这样的想法害了她，已经让她变得无法无天了。如果继续发展下去，她就会被毁了！"

凯勒上尉愤怒极了，一下子站了起来，大声嚷道："在我家里，没人可以剥夺我孩子的食物！"

安妮也很生气，并尽量克制自己，却毫不示弱：“我也不允许我的学生如此粗鲁无礼，随意去动别人盘子里的食物！”

凯蒂见此情形，赶紧将海伦父亲和其他人都劝出了餐厅。作为母亲，凯蒂太清楚自己的女儿需要有人来严厉管教了。

最后，餐厅里只剩下安妮和海伦面对着面。

但失聪失明状态的海伦还没有意识到究竟发生了什么。她只发现自己的意图无法得逞，便搬出老一套，躺在地上发脾气打滚。

只见安妮不慌不忙，从容地拿起刀叉，慢条斯理地嚼着自己已经冰凉的早餐。半个小时过去了，安妮还在吃着早餐，海伦还在地上打滚。

终于海伦感觉到了无趣，她发现没有人像以前一样来哄她。这是怎么了？海伦好奇着这些反常的现象，思考让她忘记了发脾气。

周围的空气格外的安静，海伦的注意力全部集中在那个不让她吃香肠的陌生女人身上。她爬起来，摸过去，要看看这位陌生人究竟在干什么，为什么不来哄她。刁蛮的海伦不想就这么败下阵来。海伦一只手拍拍安妮的手臂，另一只手偷偷伸到盘子里。眼疾手快的安妮一把将海伦的手推开。但这时的海伦实在是饿极了，她又快速地伸出手来，安妮再次用力将她推开。

海伦特别生气，她伸手狠狠地拧了安妮的胳膊一下。安妮毫不客气，马上用力一巴掌打回去。这闪电般的反击，使海伦疼痛不已，倒抽了一口凉气。她再次反击，安妮以牙还牙，又毫不犹豫地予以还击。海伦在黑暗中再次尝到了一记火辣辣的巴掌。

如此看来，香肠是吃不成了，早餐估计也够呛。海伦决定改变战略，向家人求救。她绕着餐桌摸了一圈，却发现座位都是空的。这下她彻底慌了，第一反应就是冲向门边，想开门逃跑，可是门已经锁住了。这下她更慌乱了，她第一次体会到了无依无靠的滋味儿，背靠着门，惊恐不已。

两人就这么僵持着。

又不知过了多久，海伦已经饿得眼冒金星，她只有摸索着回到自己的座位上，开始用手抓麦片吃。安妮给她递过去汤匙，让她用汤匙吃麦片，可生气的海伦把汤匙顺手就丢在了地上。

安妮立刻把她从座位上揪了起来，硬逼着她捡起地上的汤匙。然后再逼着她坐端正，用汤匙一口一口喝入口中。

一口，两口……

安妮心里有所得意，摁着海伦的手不禁松开了。结果，就在安妮松手的一瞬间，海伦立即把汤匙掷向了安妮。好在安妮反应及时，一把将汤匙夺了过去。

然后，一切又重新开始。

海伦总算吃完了早餐。安妮心想，战争终于可以结束了。谁知道满心不甘的海伦吃完盘中的最后一口麦片，用力拽下餐巾，狠狠地把它丢在地上，以示挑衅。

这一下可把安妮气坏了。她示意海伦捡起餐巾，并认真叠好。海伦哪能轻易就范！结果，为了叠好餐巾，她们互不相让，又经历了一场长时间的较量。最后，筋疲力尽的海伦败下阵来，她按照安妮的指挥，乖乖地把餐巾叠好。餐厅里的战争至此才算告一段落。

此时的安妮也是疲惫不堪，她打开门锁，带着海伦来到绿色花园。太阳高高升起，已经快到中午了。

与安妮独处

经过餐厅这场战争之后，安妮意识到海伦的

问题真的很严重。由于家人对她的溺爱，她身上已经养成了太多太多的坏毛病。作为一名教育工作者，安妮很清楚，这一切若想有一个彻底的改变，就必须脱离现有的环境来进行。而要实现这样的改变，必须得到海伦父母的支持。

安妮去见海伦的母亲，开门见山说道："凯勒太太，鉴于目前的情形，我要教导海伦只有一个方法，那就是让海伦暂时离开你们。"

凯蒂一下子呆住了。这种情形从来没有发生过，她不敢想象女儿离开自己的生活会是怎样。她的第一反应是不答应。

安妮看出了凯蒂的心思，接着说："来这里之前，我曾研究过海伦的病历和学习情况。我原以为一来就可以教海伦与人沟通的种种方法，可来了以后才知道她简直就是一匹脱缰的野马，教学的问题根本无法开展。我现在最重要的工作是要彻底改变她这些年养成的坏脾气，否则一切无从谈起。"

还没等凯蒂反应过来，安妮继续说："我知道你们心疼海伦，每件事情都纵容她，让她随心所欲。很遗憾，这种方法其实是完全错误的，你们这是在害她。她现在这样的情形，充其量就是凯勒家一匹不驯的野马罢了！”

好说歹说，凯勒夫妇总算同意安妮带着海伦单独相处半个月，并说明如果这半个月没有效果，一切都必须终止。然后安妮和海伦被安排在花园的那间小房子里，凯勒的家人可以每天从小屋的窗户偷偷观看里面的情况，但前提是不能让孩子知道家人就在身边，不能走进房间里。

说起来，一匹桀骜不驯的野马哪有那么容易被制服？否则也就不叫野马了。果然，第一天，第二天，海伦发现家人都不在身边，歇斯底里的行为并没有改变。不过，三四天之后，情况似乎出现了一点儿变化，那就是海伦的坏脾气照旧，可发作的次数开始减少。最重要的是她开始留意周围的事物，还有兴趣模仿拼写单词。

安妮心里暗暗高兴，她试探着伸手去摸摸海伦的小脑袋。很好，海伦这次居然没有抗拒。安妮知道自己的工作真的有了可喜的进展。

她决定正式实行自己的教学计划了。

凯勒上尉把一切都看在眼里。一天早上，他从窗外看进去，看到女儿在串珠子。第一粒大而粗糙，接着两粒小而光滑，第四粒有 3 个棱角。海伦依着顺序串成串，小心翼翼，毫不含糊。她兴致勃勃地串着，没有一点儿错误。

凯勒上尉彻底服气了。安妮老师用她的智慧和耐心，终于让小海伦学会了服从。在学习的过程中，海伦向前迈进了一大步。

将海伦的坏脾气完全改变之后，安妮开始着手引导海伦和外面的世界接触。安妮每天在海伦的手里拼写单词，不断地重复，从不间断。之后，海伦必须把这些词重拼在安妮手掌中。海伦聚精会神、一心一意地学着，终于能拼出 18 个名词、3 个动词了。她会拼洋娃娃、杯子、钉子、水、帽子等。

她越学越快，虽然不明白这些单词有什么特殊的含义。

花园小屋的最后一个下午不知不觉过去了。凯勒上尉走进屋里，来接她们回家用晚餐。此时的海伦毫不知情，正在一个角落的火炉旁边玩耍。突然，她感觉到空气中传来不同的振动频率，她抬起头来嗅了嗅。啊！那是爸爸的气味！她惊喜地叫了一声，循着气味，纵身投到爸爸的怀抱里。爸爸将她紧紧搂在怀中。海伦偏着头又闻了闻，发现还有另一种她很熟悉的气味。海伦摸索着，终于双手抱住了毛茸茸的一团——是她的老朋友贝拉！他们来接海伦回家。

趁着大人聊天的工夫，海伦坐在地板上，把贝拉的一只前脚托在手上，她的另一只手在狗掌上来回蠕动着。原来她在贝拉脚掌上一个接一个地拼着字。

看到这里，凯勒上尉不禁开怀畅笑。

“水”唤醒了灵魂

回家后的一天早上，海伦和安妮并肩坐在卧房地板上。安妮抓牢海伦的手，在她手中拼字，一遍又一遍不停地拼写“杯子”，然后把一个装了水的杯子递到海伦手里让她触摸。海伦顺从地在安妮手中拼出“杯子”。然后安妮让海伦喝了一口水，又在海伦手里拼写了“水”。这时，海伦不干了。一直以来，在海伦的世界里，装水的杯子就是“水”的意思。或者说“杯子”就是“水”，“水”也是“杯子”。显然，两个人在理解上出了偏差。

年轻的安妮老师意识到教学不能再进行下去了，她决定换一种方法试试。于是，她带海伦来到花园，暖暖的阳光当空照着，她们就在花园里随意散步。海伦偶尔停下来闻一闻鲜花，或在草地上撒欢。一切是那么美好。她们信步来到花园角落的古井小屋。海伦对这里太熟悉了，她摸索着进入小屋，这里潮湿的凉意让她喜欢得很。

安妮赶紧追了过去。当她看到小屋内的水井时，心头产生了一个好主意。安妮快步走过去，一把抓住抽水筒把手，开始用力地上下压缩。不一会儿，只见清澈的井水从龙头哗哗冲了出来，水花四溅。这时，安妮又急忙抓过海伦的手，浸在冰凉的流水中，同时用手在她湿淋淋的掌中拼写“水”。不明所以的海伦挣扎着想要将手抽出来，安妮却紧紧握住不放，并反复在她手心里写着“水”这个单词。海伦全神贯注地感受着手掌的这个单词，猛然间，如同触电一般，她明白了“水”指的就是从手上流过的东西。

多么奇妙的领悟啊！多么美妙的感觉！这个充满生机的词，一瞬间唤醒了她的灵魂，过去那些模糊不清的概念，在手指的挥动中逐渐清晰，现出轮廓，豁然开朗。她仿佛看到了无数无形的线条在人们心中穿梭和连接，这样的世界是如此的美妙。海伦坐在地上笑着叫着，激动不已。

安妮也笑了，哭了，轻轻地将海伦拥在怀里。

停下一会儿，海伦急切地要学习新知识。她

手舞足蹈，碰着水龙头。安妮在她手中拼了几次“水龙头”。海伦开始兴致勃勃、集中精力学习，她的词汇在一点点增加。在古井小屋中，她不停地走来走去，渴望知道所摸到的一切东西的名称。

在写过几个词后，她突然抬起头，眉头紧锁。安妮知道她碰上了难题。海伦愁眉苦脸，不断用拳头敲打自己的头。安妮明白了，她慢慢地在手里拼出“海伦”。

此时，海伦面对着安妮，静静站着，双眸渐渐明亮闪烁，她知道这就是自己的名字了。她又拉起安妮的手，轻柔地拍着。安妮以为她表示“谢谢”，但是海伦还在轻拍。安妮于是明白了，她弯下腰，在海伦手里写下“老师”。

几分钟后，两个全新的人从古井小屋并肩走出。“老师”取代了陌生人，“海伦”取代了那个在黑暗中游荡的桀骜不驯的小精灵。

了不起的安妮！了不起的海伦！

聪明好学的海伦继续央求老师教她认识新字。到睡觉前，海伦已拼会了 30 个单词。

她在这一天所学的比过去所学的总和还要多，最重要的是她已经理解了这些文字所代表的含义。

“女孩在衣柜里”

安妮不断地在海伦手中写单词，海伦以惊人的速度吸收这些知识。就像一个饥饿的人面对佳肴狼吞虎咽一样，她急切地想弥补5年来的空白。功夫不负有心人，她真的都做到了。

转眼间到了4月底，这时的海伦已经认识了100多个单词了，到了5月中旬，已经将近掌握了400个单词。值得一提的是，海伦还掌握了不少成语。安妮觉得是时候教她阅读了。

安妮拿出她的教学法宝——一叠硬纸卡，每张卡上印了简单的单词，每个单词都从卡上凸出来，海伦可以用手指触摸阅读。

安妮随手抽出一张纸卡，上面写着“盒子”，她把纸卡放在盒子的实体上，让海伦用手指抚摸纸卡上凸出的字，然后牵着她的手，仔细抚摸盒子，上下左右，全面接触。她带着海伦的手，一次又一次，先摸单词，然后摸盒子。可惜，海伦还不能理会两者之间的关系。依然无法把凸出的单词之间的意思互相连贯起来。

安妮耐心地试了其他的单词和物体，海伦还

是无法理解。安妮绞尽脑汁还是没有想出解决的办法，她有点儿犯难了。

过了两天，左思右想之后，安妮再次改变了教学方法。

这天早上，她给了海伦几张纸卡之后，便独自离开了。海伦一个人在房里，抚摸着这些纸卡。过了一会儿，她把纸卡扔到一边。她已认识了纸卡上所有的字，留下这些东西还有什么用呢？忽然，海伦想起了什么，急忙捡起散落满地的纸卡。她手指在纸卡上摸触。哎呀！这个字正是她要的，这一个字也是，其余的呢？哦，原来都在这儿。

海伦从椅子上蹦下来，摸索到衣柜打开柜门。她很快用手指检查一下手里的纸卡，弯下腰，放几张纸卡在地上，紧紧握着剩下的纸卡。她跑进衣柜躲了起来。外面安静异常，她又跑了出来站在门边，抬起头，专心注意着大厅的动静。她没有感觉到振动，老师一定还在楼下。

海伦安静地站了一会儿，又躲回衣柜里。她太兴奋了，甚至无法控制自己。她又出来，用手指检查了一遍纸卡，井然有序地将它们放在了地上。她尽量不让自己发出声响地奔到了房门口。大厅外还是一片寂静。

时间过得很慢，海伦在房里来回踱着。难道老师不回房间了？终于她感觉到楼梯口传来的振动，是老师吗？振动频率变了，脚步从大厅传来。老师来了！

海伦双手环抱胸前，欢欣，兴奋。她想象着老师看到空荡荡的房间，一定会到处寻找她。老师一定会想：海伦在哪里？这小孩儿到底跑到哪儿去了？老师会找到海伦吗？

当安妮踏进房里，海伦不见了，却看到衣柜的门轻轻摇动。知道这个小鬼又在捣蛋，安妮笑着走向衣柜，她轻拉拉开柜门，海伦藏在衣柜里。

海伦扬扬得意地面对着老师，手上拿着一张写了“女孩”的纸卡，地上放的纸卡分别写着“在”“衣柜”“里面”。

这就是海伦第一次自己组成的句子。

安妮的微笑瞬间凝住了，她完全被感动到了。泪水涌满她的双眸，止不住地流了下来。安妮俯下身子，蹲在海伦旁边，拉着她的小手，写着：“老师很快乐。”

学会写信

1887 年 6 月，海伦经历了三个半月的遣词造

句训练之后，安妮决定正式教她学习写信。

她的第一封信是 7 岁那年写给表姐安娜的，信的内容是这样的：

海伦给安娜写信乔治要给海伦苹果辛普森要去打鸟杰克要给海伦甘蔗医生要给米尔德利德吃药母亲说给米尔德利德做件新衣。

显然，这不是一封正确的信件，因为这封信没有标点，也没有署名，更没有日期。安娜凑合着能看明白就行。

到了同年 9 月，海伦在书面语言表达上已经有了明显的进步，思想也复杂一些了，她的书信格式也基本正确，书写更加自如，词语的使用也更贴切了。

比如她写给贝尔博士的信，十分动人：

亲爱的贝尔先生：

我很高兴给您写信。我爸爸会给您寄去照片的。爸爸和我还有妈妈都到华盛顿去看望过您。我拿着您的表玩儿。我可喜欢您啦。我在华盛顿看过病。医生检查了我的眼睛。我能读懂书里讲的故事。我能写，能拼，还能数数，是个好女孩。我妹妹能走能跑了。我们和剑波玩儿。伯莱可不是只好狗。它抓不住鸟。大老鼠把小鸽子咬死了。我真难过。老鼠不知道错了。6月，我妈妈、老师和我将到波士顿去。我要去看望小盲女孩们……

这封信的标点也基本正确。

到8岁的时候，海伦开始用盲文写信了。也许得到了祖父的真传，海伦写的信语句生动、结构合理、辞藻华丽。

比如她致安南库诺斯校长的信：

亲爱的安南库诺斯先生：

我高兴地用盲文给您写这封信。今天上午吕西安·汤普森送给我一束花，有紫罗兰、番红花，还有长寿花。星期天艾德林·摩西给我送来一个很可爱的洋娃娃。那是从纽约买来的，它名叫艾德琳·凯勒。它能闭上眼睛，弯着胳膊，能坐下，也能笔直地站着。它穿着漂亮的红衣服。它是南希的妹妹，我就是它们的妈妈啦。阿丽是它的表妹。上次我到孟菲斯去时，南希大声哭了，真坏，我用棍子揍了它。

米尔拿面包屑喂小鸡。我挺爱和小妹妹一起玩儿。

我和老师到孟菲斯去探望外婆和姨妈南妮。路易丝是南妮的小女儿。老师给我买了新衣服、新手套、新袜子和硬领；外婆还替我做了暖和的法兰绒衣服；姨妈南妮给我做了连衣裙。女主人们给我做了一顶美丽的帽子。我去拜访了罗伯特以及格雷夫斯夫妇和小娜塔莉，见到了法里斯先生、梅奥先生以及玛丽和别的一些人。我真喜欢罗伯特和老师。她今天不让我写得太多。我累了。

我发现格雷夫斯先生口袋里有一盒糖。爸爸领我们去看房子那么大的船。船在一条很大的河上。雅茨今天耕了地以便种草。驴子拉犁。妈妈要在园子里种上菜。爸爸要种西瓜、豌豆和大豆。

……

海伦·凯勒

拥抱大自然

海伦现在是多么开心啊！往日被锁在空茫黑暗中的那个小女孩儿不再孤单寂寞了。她虽然不能看到多彩多姿的世界，不能听到人世间的纷扰声音，但她学会了沟通和参与。

她很快就学会了用盲文阅读，她用手指拼字代替谈论，用手掌感触代替倾听。不久安妮就教会她如何使用铅笔写字了，她还学习了盲哑人使用的布莱尔盲文。通过令人兴奋的读书和写字，她可以用文字来表达自己的思想了。

安妮知道周围自然环境的重要性——教育应该包括鲜活的实际体验，海伦不应该整日只埋头在书本里。所以，安妮的教学课堂时常就在大自然里，她开始带着海伦理性地认识大自然的各种科学知识。

小鸡破壳而出，那是打开了微妙的生命之门；一只花蝴蝶在海伦手掌中振翅欲飞，那是生命在颤动；小狗们在地板上追追打打，尽情释放生命的能量。安妮将生命跃动的旋律化作真实的触觉，让海伦在真切感受中重新认识这个缤纷的世界。

有一阵子，每天早餐过后，她们俩都会从家中出去，走得很远很远。有时候甚至不能赶回家吃午饭。在美丽的大自然里，海伦充满了好奇，无所不问，安妮则有问必答。安妮会捉住田间跳跃的青蛙，交给海伦抚摸，或者捉住藏在草堆中的蟋蟀，让海伦感触蟋蟀腹腔的共鸣。海伦显然还记得花朵的形态和缤纷色彩，只要碰到野外那些美丽的花儿，听完安妮的描述，印象就更加清晰了。当海伦摸着纤细轻柔的花球，安妮告诉她那是“棉花”。她们也曾采撷过太阳底下熟透的野草莓，品尝过那酸酸甜甜的滋味儿；还曾共享过阳光暴晒过的稻草的气味，感受过萤火虫的柔软朦胧。

而在静谧的夜晚，安妮老师会给海伦讲《躲在屋里的鹦鹉螺》，讲述鹦鹉螺如何驾着它的珍珠船，航行在蓝色的海洋上；也会描述波涛汹涌的海洋中小小的珊瑚虫如何建造起美丽壮观的珊瑚岛。

安妮善于利用各种时机，向海伦传授不同学科的知识。这天早晨，海伦要学习“地理”。在田纳西河的岸边，安妮老师蹲在泥巴里，又是挖又是堆，不一会儿就造出几个奇形怪状的大深坑、一些平坦地、一些高丘。然后，安妮去舀了河水，灌满那些低洼的地方。海伦不停地问着：“老师，这是什么？”安妮并没有急着回答她的提问，而是故作神秘：“别急，等一等。”海伦只好用手“观察”安妮的每一个动作，耐心地等待着解释。终于安妮停止了所有的活儿，在她们面前出现的是一个泥沙制作的缩小版世界地图。

借助这幅可触摸的地图，安妮给海伦讲解地壳如何运动，火山如何爆发；讲古地质时代巨大的恐龙，为了生存如何在沼泽地厮杀。海伦听得又怕又爱。这些地理知识深深激发了海伦学习科学知识的兴趣。以至于后来她听到有人说学地理很枯燥乏味，她简直不能相信：“这怎么可能？这是多么有趣的知识啊！”她眼中的地球是奇异、瑰丽而壮观的，是个有着许多险恶和不可思议的星球。正是安妮老师用田纳西河边的泥塑启发了她去想象出一个奇妙的自然世界。大自然有无穷无尽的语言，也就有无穷无尽的秘密等着人类去探索。

爱的启蒙

海伦现在和老师已经形影不离了。这一天，海伦和老师在花园里散步。海伦闻到了紫罗兰的花香，便顺手摘了下来送给老师。安妮非常感动，她轻轻地搂着海伦，在她手上拼写了一句话：“我爱你，海伦！”海伦第一次听到这样的表

达，觉得很是疑惑。她不禁问道：“老师，什么是爱呀？”安妮拉着海伦的小手，放到自己的胸口，说：“这就是爱啊。”海伦感觉到的是老师的心脏在怦怦地跳动。爱就是心跳吗？海伦还不能确定，因为她给老师送的是鲜花。于是海伦用手势再次问老师：“爱就是花吗？”当得到否定的答案之后，海伦不觉有些失望了。但她不死心，接着问：“爱，就是太阳冲破云层，放射出的光辉吗？”

安妮看海伦的这个理解已经很到位了，正好这天先是阳光躲在云层，还不时下雨，接着朗照大地。安妮就借题发挥说：“爱有点儿像太阳出来之前的云。”

她接着解释说：“你不能摸到云，它在高高的天上，但你可以感觉到雨。在炎热的天气里，花儿和大地万物都需要它。同样，你不能摸到爱，但你能感受到爱带来的甜蜜。要是没有爱，你就会很难过。”

海伦听完，终于有所领悟。原来这就是爱。

于是，在 8 岁那年，海伦怀着“爱”，给玛丽·穆尔小姐写了一封信：

当你收到这亲爱的小朋友的一封美好的

信，你会非常高兴吧？你是我的好朋友，我真喜欢你。我那宝贝的妹妹现在完全好了。她最爱坐在我的摇椅上给她的布娃娃催眠。你想见见亲爱的小米尔德利德吗？她可是个漂亮的婴孩。她的眼睛又大又蓝，两颊又嫩又圆又红润，她的头发发出金色的油光。她不哭时可逗人爱啦。明年夏天，她就可以和我一起到园子里去采又大又甜的草莓了，她一定非常高兴。我希望，美味的水果她可别吃得太多了，那会闹病的。

……

欢度圣诞

时间过得真快，转眼之间圣诞节就要到了。

这一年的圣诞节，凯勒家显得分外热闹。因为安妮老师的到来，海伦已经完全变了一个人。全家都为此十分欢喜，上下都在忙着为小海伦准备一些意想不到的礼物。而海伦和安妮也正在为其他人悄悄准备礼物，这一点更是让海伦兴奋不已。

海伦开始感受到什么是节日的气氛。

她不停地猜测家人会给她带来怎样的礼物，

一直处在极度兴奋之中。看到海伦如此开心，全家人都被感染了，节日的气氛弥漫着整个凯勒家族，这是从未有过的时刻。亲人们想尽办法去逗引海伦，故意给点儿暗示什么的，却又不说透，留下海伦在那里不停地胡思乱想。这样的“智力游戏”，却成为海伦学习的好机会，她很快学会了很多词的用法，在词语的运用方面得到了巩固和强化。晚上的时候，家人们围坐在暖暖的火炉前，一起玩儿猜谜游戏，等待圣诞节的到来。

在这样温馨美好的氛围中，海伦学习的兴趣愈发浓厚，而且进步也显而易见，甚至比在上课时学到的东西还要多。

自从安妮老师到来后，海伦学习知识的能力大家有目共睹。海伦和安妮的共同努力，获得了小镇的认可和尊重，她们现在已经是镇上的名人了。这不，圣诞节的前夜，镇上的学生们纷纷邀请海伦和安妮到学校一起过圣诞。他们在教室中间摆放了一棵巨大的圣诞树，树上挂满了各种礼物和彩灯，漂亮极了。此时的海伦已经和正常的孩子打成了一片，他们一起围着圣诞树，又蹦又跳，开心得不得了。这时，还会有好心人过来发放圣诞小礼物，海伦高兴地收下了。

在回家的路上，海伦一直欢呼雀跃着，憧憬着，想象着家里人又会给她准备什么样的礼物。安妮微笑着说：“他们一定会把最美好的东西作为圣诞礼物送给你的。不是吗？”

当晚平安夜，小海伦学着大家的样子把长袜挂好，然后躺在床上，急切盼着圣诞老人会带来怎样的礼物，更期待着圣诞老人会怎样地出现在她的面前，她多么希望能够有机会跟圣诞老人对话啊。

夜渐渐深了，她最后还是挡不住沉沉的瞌睡，搂着一个新布娃娃和一只白熊进入了梦乡。

第二天一早，海伦早早就起床了，第一个高声喊着：“圣诞快乐！”接下来，在长袜里，在桌子上、椅子上，甚至在门槛儿和窗台上，她都找到了礼物，几乎每迈出一小步，都会有惊喜。全家人都被海伦的快乐呼唤给唤醒了。而让海伦最惊喜的，是安妮老师送的金丝雀。啊！这个礼物太珍贵了，也太让人激动了。这样一个崭新的小生命，在海伦的面前活蹦乱跳着，简直把小海伦高兴坏了。

她给小金丝雀取了个很好听的名字叫蒂姆。温顺而又灵巧的蒂姆给海伦寂静的生活带来了无限的欢乐，直到有一天它被一只大猫吃掉了。海伦为此伤心了许久。

看海伦度过第一个快乐的圣诞节，真是一件令人感动的事。安妮说，在第一个圣诞节，海伦进步十分明显，阅读了有关圣诞节方面的书，讨论了节日的问题，讲了圣诞老人的故事，更重要的是又学习到更多的新鲜单词，大大扩充了海伦的单词量。

就这样，一年一度的圣诞节，在有创意、有主见的安妮老师那里，再次成了最好的学习课堂。寓教于乐，寓教于情境中，安妮就是这样做的。作为一名杰出的教育家，安妮只教海伦谈论她感兴趣的事情，引导她自己提问题，这样才能弄清楚自己想知道的事情。为了教好盲人语言，安妮创造性地设计了对话，在交谈中学习、交流思想，这样的学习，才是真正有意义的学习。

这一切，都令海伦受益良多，终生难忘。

第三章
涉世之初

再到波士顿

1888年5月，安妮陪着海伦，前往波士顿的伯金斯盲校。

这是海伦第二次去波士顿，是海伦真正认识世界的开始。

和上次相比，这次的旅行完全不同，海伦有了安妮老师的陪伴，她出门基本上没有困难，更重要的是，此时的海伦早已不是当年那个懵懂无知、易于激动、片刻不得安宁的小淘气，她已经脱胎换骨，成为一名知书达理、热爱学习的小淑女。

此时，海伦安静地坐在安妮老师的旁边，随时感受着安妮老师向她描绘旅行中所见到的一切：远处有连绵的山峦，苍翠的森林，近处是美丽的河流，还有一望无际的棉花地；站台上、火车上熙熙攘攘的人群，甚至是向行人兜售糖果和爆米花的黑人小贩。

布娃娃南希可是海伦的最爱，这一回海伦也带上了南希。临行前，她特意打扮了南希，给它穿上了用方格花布做的新外衣。海伦总是把它抱在怀里，在火车的轰鸣声中，抱着它沉沉睡去。

从亚拉巴马州到波士顿，需要坐很长时间的火车，从南到北途经亚特兰大、华盛顿、费城、纽约等几座著名的大城市，几乎贯穿了整个美国的东部。最后，火车终于抵达波士顿——这座十分繁华的都市，海伦感觉自己仿佛进入了童话世界。

海伦正式进入波士顿的伯金斯盲校就读，是1888年的5月26日。安妮老师寸步不离，做她的陪读。到达之后，小海伦很快和那里的孩子打成了一片。此时，海伦才意识到原来还有这么多孩子也是看不到光明的，原来自己并不孤单，他们之间可以用手语畅通无阻地进行交流。让海伦感动的是，这里的孩子们是那么乐观、满足。一直以来，在海伦的生活中，她的手语总是像外国人一样，看上去是那么格格不入，而此时的海伦在这个手语王国里，却是如鱼得水，与周围的人可以尽情交流。孩子们拉着海伦一起阅读，把手放在海伦的手上和她进行交流，用手触摸着书本进行阅读。相似的遭遇使他们很快就能和谐相处，可以愉快地在一起玩耍。海伦已然忘记了小时候无法交流的痛苦，忘记了之前无边的黑暗寂静。

很快，海伦结识到了很多好朋友，他们善良、友好，而且很照顾她，就连动物也对她格外友善。有一天，他们去拜访一个农场。路上，穿过美丽的玫瑰花园的时候，首先迎接他们的是两只大狗。它们颇通人性，围着小客人海伦不停地摇着尾巴，一见如故。农场里还有好多马，海伦很喜欢这些高头大马，试探着去抚摸其中的一匹，给它喂糖吃，这匹马亲热地舔着她的手，以示友好，这把海伦高兴坏了。

在波士顿期间，海伦写了好几封信，描述她的旅行生活。其中给母亲的信是这样写的：

亲爱的妈妈：

我相信，您一定会很高兴听听我到西纽顿去旅行的情况。老师和我都觉得跟这些善良的朋友们在一起实在愉快极了。西纽顿离波士顿不远，坐火车不多久就到了。

弗里曼夫人、卡丽、伊塞尔、弗兰克以及海伦，坐着一辆挺大的马车到车站来接我们。我见到这些亲爱的小朋友真高兴，我拥抱他们，吻他们。然后我们坐马车转了很久，在西纽顿到处观光。我们看到不少富丽堂皇的房子前面都有一大片绿色草坪，还有树木、花草和喷泉。拉车的马名叫“王子”，它很温顺，喜欢小步快跑。回到家里，我看见了八只兔子和两只胖胖的小狗，还有一匹小白马，两只小猫和一只名叫“唐”的美丽的鬈毛狗。小马的名字叫“穆里”，我骑了好一阵，好玩儿极了，我一点儿也不害怕。我盼着叔叔尽快给我买一匹小马和一辆小马车。

克利夫顿没有吻我，因为他不喜欢吻女孩子，他害臊呢。但是弗兰克、克拉伦斯、洛比、艾迪、查尔斯，还有乔治，都不那么害羞，使我觉得很愉快。我跟许多女孩子一起玩儿得很痛快。我坐着卡丽的三轮车去摘花，吃水果，又蹦又跳，还骑了马。来看我们的客人可多啦。露西、多拉和查尔斯都是在中国出生的，我生在美国，亚纳格诺先生生在希腊。德鲁先生说中国的女孩子不懂手语。我想，要是我到中国去，我将教她们学手语。一位中国保姆来看我们，她名叫阿苏。她给我看一只小小的尖头绣花鞋，说在中国有钱人家的妇女穿这种鞋，因为她们的脚是不让长得那么大的。在那儿，“阿妈”就是“保姆”的意思。

我们回来时坐的马车，因为那天是礼拜天，火车常常在礼拜天是不开的，售票员和司机都累了，回家休息去了。

在车上我见到了小威利·司万，他给我一个多汁的梨子。他才 6 岁，我 6 岁时都干了些什么呢？妈妈，你让爸爸到火车（站）来接我和老师好吗？夏娃和帕西都病了，我很难过。要是我生日那天举行一个宴会多好啊，我要请卡丽、伊塞尔、弗兰克和海伦都到亚拉巴马来看我。我回来后让米尔妹妹跟我睡吧。

充满爱的无数个吻！

你亲爱的女儿

在伯金斯盲人学校放暑假之前，安妮老师和她的朋友伯金斯夫人安排好要带海伦一起到科德角的布鲁斯特海滨度假。海伦兴奋极了。她从未见过大海，甚至连海水的味道都没尝过。出发之前，她在脑海里幻想着各种好玩儿的事情，追着安妮聊有关大海的各种故事。她曾在一本叫作《我们的世界》的书中读过一段有关大海的描写。书中的大海蔚蓝、深邃，一望无际。她虽然看不见，但还是对海洋充满了好奇，渴望能够触摸一下茫茫的大海，感受一下汹涌澎湃的波涛。

她终于可以零距离接触到梦寐已久的大海了。

这天，安妮把海伦带到布鲁斯特海滩。刚替她换好游泳衣，兴奋至极的海伦便迫不及待地在温暖的沙滩上奔跑起来。凉凉的海水冲刷着她的脚丫，沙子是那样的柔软，一脚一个浅窝；水是那样的调皮，推过来，推过去。原来这就是大海啊！果然像书中所说的那样神秘而有力量。

真是无知者无畏，毫无危险意识的海伦突然一跃跳进了冰冷的海水中。霎时，海伦只感到一股巨浪迎面直击而来，一股强大的力量将她悬到半空中，又放下来。这样的感觉令她快乐得有些颤抖。突然，她的脚不小心被水下岩石绊了一下，正巧一个大浪打过来，她一下子就失去了平衡。她拼命地想伸出双手抓住什么，可是她的周围除了海水和一些浮草，毫无依靠。她无论怎么努力，都无济于事。海浪似乎在故意戏弄她似的，把她抛来抛去，弄得她晕头转向。她的脚已经离开了坚实的大地，只有这陌生的、四面八方向她涌来的海浪包围着她，似乎世上所有一切都已不复存在了，没有生命，没有依靠。

这时候，海伦才发觉大海并不可爱，而是让人恐惧。就在她惊恐万状的时候，大海似乎对她这个新的玩物厌倦了，又把她抛回到岸上。这时，安妮老师终于出现了，把她紧紧地抱在了怀里，海伦又重新找回了原有的安全感。其实，安妮老师一直就在她边上。崇尚体验教学方法的她，要的就是海伦自己主观认识的过程。她只需站在边上，确保孩子不出现危险就可以了。

当海伦从恐惧中恢复过来之后，她的第一句话竟然是："是谁在海水里撒了这么多的盐?"安妮笑了："你尝到海水是咸的吗?"海伦说："对啊。"安妮又笑了："那是因为海水本身就含有盐分。"

经过这次与大海的亲密接触，海伦算是领教

了大海的厉害。她明白了大海固然可爱，但也时时刻刻充满了危险。从那以后，她再也不敢轻易下海了。

不过，凯勒家族的人可不是胆小鬼，海伦依然喜欢大海，喜欢穿着游泳衣坐在大岩石上感受海浪击打岩石的力量，让溅起的浪花不断打在她的脸上、身上，去感觉浪花在拍打岩石时产生的震颤，小鹅卵石在滚动，空气也随着海浪在颤动。她长时间静静地坐在岩石上，任凭愤怒的大海冲击、咆哮，感受着大海的巨大能量。置身于浩瀚无垠的大海前，她感到自己是如此的渺小。

当然，大海也是很慷慨的，它馈赠给海伦各种可爱的小生物，比如小海龟、小螃蟹、小海星等，一切都是那么的新奇而有趣。

在这期间，海伦还参观了当地著名的巴恩克山。它是独立战争的纪念地。就在那里，安妮老师给她上了人生第一堂历史课。那座山曾经是英雄们战斗的地方，海伦在脑海中想象着安妮老师所描述的情景，英雄们前仆后继、奋勇作战的事迹令海伦激动不已。她沿着这历史古迹的石阶，一步一步地向上爬去，越爬越高。

原来，这个世界除了家园里的农场、果园、

森林，还有这么一个让人振奋的人文世界。

后来，海伦他们坐船去了普利茅斯。

这是海伦经历的第一次海上旅行。一开始，机器的轰鸣声把海伦吓坏了，但她随后发现海上的生活是那样的生气勃勃，繁忙而热闹。尤其是海边有一块巨大的岩石，很有故事。当年，来自欧洲最早的移民，也就是一批英国的清教徒，为了逃避宗教迫害，历经千难万险，坐着设备简陋的海船，渡过大西洋，就在这块大岩石的附近登陆。海伦用手抚摸着这块大岩石，似乎还能体味到当年移民的艰辛和困苦，历史的剪影随处可见。

在参观普利茅斯移民博物馆的时候，发生了一个小插曲。一位和蔼可亲的本地先生单独送给了海伦一块普利茅斯岩石的模型，上面刻着“1620 年”的字迹，它是当年的移民勇敢的象征。他们在异域他乡创业，兴建家园，开创了新大陆的历史。这块小小的石头，让海伦第一次体验到了历史的震撼。

在北方待了这么久，海伦开始想念南方的家了。

叶落时节，海伦带着在北方满满的难忘回忆踏上了回家的路。

这次旅行，对于海伦来说是一个全新的开始。旅程中遇到的人和各种故事，都被她一生珍藏。这一切都是上帝对她的恩赐，让她可以在黑暗寂静的世界里不再孤单。现在，她的世界早已不是空无一物的黑洞，相反，是生机勃勃、多姿多彩的世界。

这难道不是奇迹吗？在安妮老师的悉心栽培下，海伦的心就这样从一片荒芜变得生机盎然。

融入生活

自从第二次从波士顿回家之后，海伦和安妮会经常在南方和北方之间往返学习、生活。在北方城市的生活期间，海伦有机会深入了解各地的自然物候、风土人情，接触到美国人民的生活疾苦。人们都认为，人类的知觉都是由眼睛和耳朵接受外面世界的信息，因此，大家都很奇怪海伦如何感知这个城市。其实，海伦的非凡的触觉、嗅觉等其他感觉器官同样可以接受外部的信息。在安妮的帮助下，海伦在城市中生活问题不大。不过，海伦发现，城市的喧闹刺激着她的面部神经，也能感觉到路上行人急促的脚步。各种刺耳的吵嚷，同样会扰乱海伦敏感的神经。海伦了解到城市里住了许多穷人，包括衣不蔽体、食不果腹的孩子。他们在暗无天日的贫民窟里，变得越来越干瘪、丑陋，深感社会的不平等。这一切给了海伦很大的触动。

要说北方有什么最让海伦留恋的，那就是冬天玩里雪橇了。记得有一次他们路过新英格兰的一个小村庄，在安妮的帮助下，海伦第一次感受到漫天无垠的雪花那样令人激动。大清早，人们用各种工具在大雪地里铲开路，而海伦在这种冰天雪地的极端天气里，滑起了雪橇。这是一项正常人都未必敢尝试的运动项目，海伦却毫不畏难。她特别享受从高高的山坡上冲下来那种风驰电掣的感觉，像是翱翔在蓝天的鸟儿，可以随着自己的心意奔向自由的天地。对于海伦这样勇敢挑战，让安妮老师都惊叹，自愧不如。

北方的冰雪是美丽的，南方的乡间是迷人的。海伦在南方乡间，看到的是大自然的杰作，这里的人们不像在城市为了生存而进行残酷的斗争。人们在乡间，过着简单的生活，孩子能像挺拔的松树一样茁壮成长，他们的内心像路边的野花一样自然芬芳。这些正是海伦在城市生活之后，回到乡村所产生的感想。

另一年夏天，安妮陪着海伦去伦萨姆的乡间度假。伦萨姆有 3 个著名的湖，凯勒家有座小别墅就在其中一个湖的边上。这里远离城市，是真正的乡下。他们踩着松软的泥土，在高低起伏的绿色田野中散步，骑着双人自行车四处兜风。凉风习习，十分惬意。天气好的时候，她们还会去划船。碰上下雨天，大家待在屋子里，织毛衣、下象棋，看书，实在无聊就玩儿纸牌。海伦有一个特制的棋盘，格子都是凹陷下去的，棋子可以稳稳当当地插在里面。黑棋子是平的，白棋子顶上则是弯曲的，棋子大小也不一样，白棋比黑棋大，这样海伦可以用手摸棋盘来了解对方的棋势。下棋时，棋子从一个格移到另一个格会产生振动，海伦就可以知道什么时候该走棋了。她玩儿的纸牌，在右上角有一个盲文符号，也能轻易分辨出每一张是什么牌。有时候，海伦也会跟邻居家的孩子们一起玩游戏，借以打发时间。

这样的人生，海伦过得很珍惜。

第一次开声

海伦开始渴望学习说话了，这是在 1890 年的春天。这实在不是一件容易的事。

我们知道，正常的孩子两三岁就已经会说话了，而海伦这时已经十岁了。一般而言，学习语言的能力是随着年龄的增加而递减的。海伦本身是个又盲又聋又哑的孩子，而且年龄又这么大，这个时候来牙牙学语，其困难就可想而知了。

世上无难事，只怕有心人。海伦虽然耳聋，但是她的发音器官并没有问题。也就是说，只要她下决心学，是可以像正常人一样说话的。

事实上，她从小就一直想尽办法说话。如果身边有事物发出声音，她就像着了魔一样被吸引。狗吠、猫叫的声音，都能促使海伦去摸它们的嘴，唱歌人的喉咙也不时地吸引着她。能够发声是一件多么美好的事情啊。很多时候，海伦坐在母亲的膝盖上，把手放在她的脸上，感受着嘴唇的开合，体会着说话的乐趣，学着蠕动自己僵硬的嘴唇。其实，这仅仅是一厢情愿而已，此时的海伦早已经忘记了说话是怎么一回事情。在她生病之前，她确实会说些简单的字，可那场大病已经烧坏了她的听觉和视觉神经，变聋变盲之后，她就忘记了说话。但实际上她的声带仍然是正常的，仍然可以发出任何声音，只不过当时不知道如何发声了。但是海伦还是很坚持的，把剩下的几个单词，诸如“水”这个单词下意识地发出相似的声音，锻炼着自己的发音系统，即使随着时间地推移，她会慢慢地忘记这些，甚至是如何发出这样的声音。沮丧的情绪困扰着海伦，她常常急得像小鸟使劲儿扑打翅膀练习飞行那样，一个劲儿地鼓动嘴唇，想用嘴说话，却是于事无补的。安妮和家人也不主张海伦学习发声，主要是担心她受挫后，会把刚刚建立的学习信心给摧毁了，因此千方百计阻止她的想法。

安妮教会海伦用手语和别人交流思想，的确帮助海伦打开了交流的大门，但手语往往无法表达抽象的想法，因此她仍然感觉到了交流的困难。

正巧，有人告诉海伦说，如果经过严格的训练，她还是能够开口说话的。这对海伦而言，无疑是个不小的鼓舞。

这天，海伦的一位老师拉姆逊夫人来看望海伦。拉姆逊夫人刚从北欧旅行回国。她告诉海伦，她认识一位挪威少女，眼睛看不见，耳朵也聋了，开始也不会说话，在接受教育之后，她所说的话，大家都听得懂，而且说得非常好。这位少女名叫朗希尔特·卡特。

海伦听了她这番话之后，兴奋得不得了，同时下定决心："我一定要像那位少女一样学会说话。"她想说话的渴望更加强烈了。她对安妮软磨硬泡，要她带着自己去波士顿找霍勒斯学校的富勒女士。她已经打听清楚了，这位老师是个声学专家。

非常幸运，富勒老师是位亲切、热心的人，她同意了，并马上开始教海伦发声。

这一天是1890年3月26日，还是在波士顿这座城市，从这一天起，海伦在老师指导下正式练习发音。富勒老师的教法是让海伦的手轻轻地去摸她的嘴唇，让她知道在发音时，舌头与嘴唇的动作，并去感觉自己脸部肌肉的变化，好让海伦掌握自己发音部位的运动规律。海伦非常专心地边模仿边学习，居然在一小时内，就发对了M、P、A、S、T、I这6个音。

在富勒老师反复教习了11堂课之后，终于，海伦第一次说出"It is warm"（天气很暖和）。这是一个完整的句子。

这个盲聋哑女孩，终于会说话了！

虽然她的发音仍然断断续续，还带着点口

吃，只有身边的几个人可以理解她想要表达的意思，但是这已经是一个巨大的突破了！这意味着，从此海伦和这个世界的交流可以更加直接，不需要“翻译”了。

海伦兴奋之余，对着玩具、石头、树木、小鸟或是小狗，都结结巴巴地说起话来。这个过程其实是心酸和充满疲惫的，因为聋哑儿童要学说话，本来就十分困难。而海伦学习说话，比一般的聋子还要困难，因为她看不见老师嘴唇发音的形状、脸部的表情等，必须用手去摸才能知道。因此她常常会弄错，有时一句话要反复无数次才能学会。她花五六个小时学说一句话成了常事。

幸运的是，她的身边有安妮这样一个耐心而又智慧的好老师。为了使她说的话能让大家听懂，安妮必须一个字一个字地矫正她。海伦把手放在安妮老师的嘴唇和喉咙上，用手指的触动来感觉她喉咙的颤动，每一个词和句子都要这样反复地练习，直到发出准确的音节。经过一段很艰苦的努力，海伦终于能够正确、清楚地吐出每个单词了。为了把这些单词组合成句子，海伦又花了不少时间。无法想象，如果没有安妮老师的帮助，海伦的说话能力决不会提高得这么快。

勇气，信心，成功。海伦要让爱着她的人们看到她的进步，要为他们带来欣喜和希望。

回家的路上，海伦的兴奋表情和愉快的心情难以形容。她不停地和安妮老师说话，只是为了能够抓住这些剩余的时间去练习，在见到亲人的时候给他们带来一个大的惊喜。

当她叫妹妹时，米尔会拿着食物走过来；当她叫小狗的名字时，小狗也会跑到她的身边。这时候她心中的喜悦，如果不是深受聋哑之痛的人，是决对不能体会的。

海伦在她的自传中，生动地描述了当时的这一情形：

> 没有一个耳聋的孩子会忘记当他说出第一句话时那种欣喜若狂的感觉，因为他急切地试图说出他从未听见过的话——冲出死寂的牢狱，那里没有爱的声调，没有小鸟的歌唱，也从来没有音乐的旋律来划破死一样的寂静。只有这样的人才能理解我热切的心情。正是带着这种心情，我常常对玩具、石头、树、鸟以及不会开口的各种动物说话。也只有它们才能分享我的快乐——当蜜尔特蕾特应声来到我身边，或者我的狗乖乖地听

从我的命令的时候，我感到了那种快乐。我觉得，如果我能够流利地说话，而且不需要翻译，那将是一种难以用语言来形容的恩赐！当我说话的时候，幸福的情感溢于言表，因为那些言语是我过去怎样也无法用手指来表达的。

但是千万别以为在这么短的时间内，我就真的学会说话了。我学到的仅仅是说话的某些基本要素。富勒小姐和沙莉文老师听得懂我的话，但大多数人难以从100个词中听懂一个词。也别以为我学会了这些基本的要素以后，就能够全凭自己学会说话了。要是没有沙莉文老师的教育天赋、坚持不懈地努力和牺牲精神，我要达到很自然地讲话的程度，简直是不可能的。首先，我夜以继日地勤学苦练，才让我的亲密的朋友们能够听懂我的话。其次，我需要沙莉文老师经常帮助我练习发准每一个音，并把这些音素用无数种办法拼在一起。就是现在，她还每天纠正我的错误读音。

只有聋哑人的老师才能真正知道，这意味着什么，也才能完全理解我对付的是什么样的特殊困难。我完全靠手指来理解老师的话语：我只能凭触觉来感知她喉咙的颤动、嘴唇的动作和脸部的表情，然而这种感觉常常出现差错。在这种情况下，我总是强迫自己反复念一个词或一个句子。这种练习有时持续几个小时，直到我觉得是那么回事时为止。我的工作就是练习、练习、再练习。挫折和疲劳常常使我沮丧不已，但不一会儿想到我将很快回家向亲人们汇报我取得的成绩时，我又重新振作起来。我急切地盼望着亲人们分享我的幸福。

我的小妹妹就将听得懂我的话了，这个信念比任何障碍都更强有力。我如痴似狂地喃喃自语：我现在不再是哑巴了！只要想到能和母亲讲话并能理解她的嘴唇做出的反应，我就充满了勇气。我惊奇地发现，用嘴说话竟比用手指拼写容易得多，我不想再用手语跟人谈话了。但沙莉文老师和几个朋友对我讲话时仍使用手语。因为这样比让我懂得他们用嘴说的话更快更方便。

一家人都到火车站来迎接海伦和安妮老师了。在互相拥抱的时候，海伦用学会的词语来表达心中的情绪。尽管含糊不清，但是对于海伦来说已经足够了。母亲激动得说不出一句话来，父亲只是一味慈祥地微笑，表情中清晰地流露出愉悦。妹妹欢呼雀跃着，在旁边不停地跳着。此时此刻，一切言语其实都是无力的，海伦口中发出的这些词汇就可以让人感动得热泪盈眶。

海伦不折不扣又创造了一个奇迹。

文字，语言，在海伦无声无色的世界里，这两样人类宝贵的财富，海伦最终都拥有并熟练地掌握了。

幸福，也开始起了个头。

《霜雪之王》事件的始末

这是 1892 年的冬天，海伦 12 岁，小小年纪的她竟然遭遇人生一次意外的重击。

事情发生在海伦学会说话之后不久，这年冬天的寒冷也使海伦的心冻到了极点。

事情的开头应该追溯到当年夏天时节。那段时间，海伦和安妮老师在山间别墅住的日子比其他任何时候都要多。为了帮助海伦增加词汇量，安妮用各种语言来描述秋天的风景，比如深秋的落叶、淙淙的流水等。这时，海伦受到启发，联想到一个故事。这个故事就是《霜雪仙子》，是安妮老师的朋友伯金斯夫人偶然念给她听的，当时小海伦不知不觉就记住了。如今海伦把自己心里的这个故事写出来的时候，她完全忘记了这个故事的一部分其实是模仿《霜雪仙子》这篇故事的。毕竟，事情已经过去三四年之久，而且海伦根本就不知道这个故事究竟是谁的。小海伦很高兴，认为这是她自己创作出来的。热切的创作欲望促使她一气呵成完成了这篇千余字的散文体故事，并且是用盲文创作的。

写完之后，海伦把故事念给了安妮老师听。晚餐的时候，她又把这个故事念给了家人听，大家都听得全神贯注，并对这个故事都很欣赏。大家询问作者的时候，海伦毫不犹豫地说就是自己创作的，大家都为海伦能写出这样好的故事开心。随后，按照家里人的意见，她把故事的题目由原来的《秋天的树叶》改为《霜雪之王》，寄给了伯金斯盲人学校的安南库诺斯先生，作为他的生日礼物。这就成了事情的最初起因。

安南库诺斯先生十分喜欢这个故事，就擅自做主把它刊登在了伯金斯学校的刊物上，本来这是件好事情，事实上却是悲伤的开始。因为很快

有人发现，海伦的《霜雪之王》和坎比小姐名叫《霜雪仙子》的故事很相似，这个故事收集在《小鸟与它的朋友》这部童话书中。于是海伦的创作就被认为是剽窃。

海伦感到了极度的惶恐和羞耻，她从来没有想过让最信任的人怀疑自己，自己却无力解释。她尝试着搜索记忆，是不是以前读过相似的文章或者段落。但是她一点儿都想不起来。

最初，安南库诺斯先生是相信海伦的，让海伦稍觉安慰。但事情很快起了变化。在庆祝华盛顿诞辰的活动前夕，安南库诺斯先生听信了别人，认为海伦和安妮老师是故意剽窃的。他把海伦送到了由伯金斯盲人学校的老师和职工组成的法庭上，进行了问话。于是，批评铺天盖地向海伦涌来。经此一劫，海伦内心的痛苦无人理解。问询结束之后，海伦回到家，躺在床上开始号啕大哭。小姑娘心中满是委屈。她完全没有剽窃的意图，在人品上却已经被人误会，再怎么解释也是于事无补了。

年幼的海伦的自尊心受到了极大的挫伤，幸好当时她的年纪小，很快能够把这件事淡化。但是，这件事留下的阴影却是深刻的，导致以后海伦再动笔写作的时候，心里总会有些许犹豫，生怕某些作品又被冠上了不好的名声。

另外，安妮老师这时候必须为自己洗刷“罪名”了，她更是彻底被冤枉了，因为她从来不知道《霜雪仙子》这篇童话，更没读过收入了这篇童话的那本故事书。她拜托为人正直的贝尔博士对事件进行彻底的调查。经过反复调查，贝尔博士发现，原来是1888年的夏天，海伦和安妮到伯金斯夫人的海滩别墅去度假，刚好这位夫人有一本《小鸟与它的朋友》的书。由于当时安妮凑巧去看病了，伯金斯夫人为了打发时间，拿了好几本书念给海伦听，其中就有《霜雪仙子》这篇童话。小海伦虽然不见得听得懂，但应该是留下了印象。

真相公布之后许多人写信给海伦安慰她。《霜雪仙子》的作者坎比女士也专门给海伦和安妮分别致信。

坎比小姐先给安妮去信。她在信中写道：

所有的这些故事，在出版成书之前，就都经过修改，后来又在第一版的基础上补充了一些故事，而且有些标题也很可能做了更改。

我熟悉很多孩子，我一生中经常和他们

> 在一起，我最喜欢与他们谈话、逗乐，静静地观察他们的思想与性格的特点。但是我从来没有发现一个像海伦这样年龄的女孩子具有海伦这样的求知欲望、文学知识、一般见闻和作文技巧。她确实是个“神童”。非常感谢你给我寄来的报告、报纸和海伦的日记。海伦的日记使我更加清楚地明白，这可爱的孩子正感到极大的失望。请你转达我对她的热情问候，告诉她不要再为这件事烦恼。决不允许任何人认为这是件什么错事。将来总有一天，她会写出伟大动人的故事或美丽的诗篇来，使许多人读了这些作品感到高兴。请告诉她，每个人的杯子里都有几滴苦酒，唯一的办法就是：苦酒耐心地喝，甜酒感激地饮。我希望她会喜欢这本书，不知道她觉得这些以前她没有读过的故事怎么样。

她在信中还说，再过些日子，她将会给海伦写信。她听到有关海伦刻苦学习的故事，给她留下了深刻的印象。她赞叹海伦天资聪颖，记忆力又很强。

是的，海伦听到这个故事，已经是很久以前

的事情了。过了这么久，她居然还记得这么清楚，这真是不简单的事。因为这是3年前她听过的故事，之后从未有人提起过这个故事。现在海伦不仅把这个故事如此生动地复述出来，事实上还给原作增色不少，这对于正常的成年人也是难以做到的。

在众多朋友的关爱和鼓励下，海伦的心里倍感温暖。尤其是安妮老师，在那段时间里一直鼓励着海伦，让她重新拿起了笔。

为了使海伦能够重拾自信，安妮鼓励海伦为知名的《妇女家庭》杂志写了一篇《我的生活世界》并得以发表。文章的文笔还较为稚嫩，好在从此海伦创作的热情开始有所上升了。

参观博览会

1893年的夏天，海伦和安妮老师跟随贝尔博士去参观芝加哥的“世界博览会”。

贝尔博士是第一个发现海伦的优异才能并热心关怀她、教育她的人。在海伦处于人生低谷之际，为了安慰海伦和安妮，也为了增加海伦的见识，贝尔博士决定自己出钱邀请海伦和安妮参观世界博览会，增强海伦的感性认识。众所周知，博览会是办给正常人看的，没有谁会邀请一名盲聋儿童来参观，因为他们看不见也听不见。但是，伟大的贝尔博士和安妮老师都从来没把海伦只当作盲聋儿童看待，他们尽量让海伦多参观外部世界的东西，协助海伦用敏锐的感觉去体验眼睛所能看到的一切。

在这次博览会上，她第一次接触了世界上许多美好珍贵的东西，看到了不少代表人类的最新文明成果的发明。她惊奇地发现，无数个童年的幻想在这里居然都变成了美好的现实。万国馆里充满了新奇和有趣的事物，有印度的再天神和象神，有开罗城的模型，有金字塔，有清真寺，有长长的驼队，还有威尼斯的环礁湖。

博览会期间，芝加哥每天晚上灯火辉煌，喷泉竞放，好比天上人间，美不胜收。

海伦还有机会登上了一艘北欧的海盗船，站在船上，海伦想象其在狂风巨浪中奋勇前进。另外，还有一艘圣玛丽亚号的模型，这是哥伦布发现美洲新大陆时所乘的船。管理人员特别带领海伦参观了哥伦布的船长室，观看那个著名的沙漏计时器。

世界博览会主席希金波撒姆先生对她十分友

善，破例允许她触摸展品。她怀着急切的心情，触摸着展览会上一件又一件奇珍异宝。贝尔博士陪着她们到处参观，并特别介绍了电话机、留声机和其他一些发明。在海伦看来，贝尔博士发明了电线来传递信息，就好比是普罗米修斯从天上盗火那样奇妙，简直太不可思议了。

她们还参观了人类学馆，古墨西哥那些粗糙的石器给海伦留下了深刻的印象。那是一个时代的见证，那时候人类还没有创造文字。

在博览会上，她度过了愉快而激动的 3 个星期。这 3 个星期，使她的思想发生了实质性的转变，向前大大跨进了一步。她从此告别了孩童时代的童话和玩具，对真实而严肃的现实世界真正产生了浓厚的兴趣。

继续求学之路

海伦在 13 岁之前，已经学习了许多课程，但都是随兴致所至学习的，并没有接受正统的教育。一直到参观世界博览会回来，安妮才开始安排她系统地学习专门的学科知识。

1893 年，海伦已经 13 岁了，她阅读了希腊、罗马、美国的历史，也学了一点儿法语。她有一本盲文版法语书，按书上的指导自学法语的发音，最终达到了能够自由欣赏法文作品的水平。

后来，海伦又开始跟着语言学家学习拉丁文。她总是兴致勃勃，喜欢用刚刚学会的语言去表达稍纵即逝的景象和感情，让平白的事物在文字的描绘下变得神采飞扬，海伦体味到了语言带给她的无穷乐趣。

1894 年的夏天，美国聋哑教育大会在纽约州召开，海伦也前往参加。就在那时，她决定进入纽约市的雷特·休玛森聋哑学校。这所学校对于盲哑儿童的发声与唇读的教育有独到之处，这是她想入学的主要原因。盲哑儿童如果掌握了唇读法，就可以用手指代替耳朵，懂得别人说话的内容，从而与人交流，这非常重要。

这一年的 10 月，海伦在安妮老师的陪同下顺利入学。在这所学校里，海伦学习的内容主要是提高口头表达能力和唇读能力，还兼学自然地理、算术、法语和德语。教德语的老师是莉米小姐，她也懂得手语。海伦跟她学一些德语单词之后，只要一有机会，她便用德语和莉米交谈。几个月下来，莉米小姐所说的话，海伦差不多都懂得了。第一学期结束，她就能够流利地讲德语。

到学年底，她便开始津津有味地读起了德国作家席勒的一些作品。

教法语的老师是奥利弗女士，由于她不懂手语，上课时便只能口授。海伦很难凭她的嘴唇动作来理解她的意思，因而的法语进步不大。尽管如此，海伦还是努力地读了一遍法国作家莫里哀的喜剧《屈打成医》。

对于自然地理，海伦兴趣更大，这得益于之前安妮给她上的地理启蒙课。海伦曾说，了解大自然的奥秘是一种很好的享受。她特别想弄清楚风是怎样从四面八方吹来的，雾是怎样从由地面慢慢升起的，河水是怎样从山间奔流而来的，山川是怎样经历历史变迁的……

继续求学的两年期间，海伦过得十分愉快。她和安妮老师每天都去中心公园散步，她总是边走边说，喜欢别人给她描绘周围的情形。在海伦的心中，变化多端的美丽景色俯拾皆是，她无时无刻不在学习。她就像那巨大的海绵，贪婪地吸取着知识的甘露。

第四章
进入象牙塔

向理想高地进军

还是小女孩儿的时候，海伦就曾对大家说：“将来我一定要进大学，而且是哈佛大学。”大家都以为她只是随口说说，但是，海伦是认真的、坚决的、毅然决然的。

在求学之路上，海伦忘记了自己是一个失聪失明的孩子。她要为自己的大学梦想拼搏。

接下来的日子，海伦不顾家人的再三劝阻，进了剑桥女子学校，这是一条通向哈佛的捷径。当然，安妮老师仍然同行。

安妮老师跟着海伦一起学习，把老师讲授的东西转译给海伦。剑桥女子学校是一所接收正常学生的学校，老师们也没有教特殊孩子的经验。

这对安妮和海伦构成巨大的挑战，毕竟，安妮自己也没有学过这些知识。好在安妮老师有无限的耐心，把老师讲的东西不厌其烦地写在海伦的手上，即使这样做还不够。

学习是枯燥而艰难的，但为了能够最终实现自己的梦想，回馈身边这些人的爱，海伦从不敢有所懈怠。

功夫不负有心人。海伦的学习进步很大，尤其是文史知识，在经过老师的指导之后，海伦已经系统掌握了各种学术思想和观点。最重要的是，老师们鲜明的个性、有效的教学方法以及对海伦的关爱，都使海伦得到了前所未有的满足感。这段时间的学习可谓突飞猛进。

美妙的校园生活不仅是海伦的学习乐园，还让她收获了正常的同龄女孩儿的友谊，她们和海伦一起学习、生活，讨论问题。同学们都深深折服于海伦自强不息的拼搏精神。海伦和她们相处得很愉快，她们一起做游戏、捉迷藏、打雪仗，还常常携手漫步，讨论功课，高声朗读美妙的作品。

海伦已经步入了正常人的生活行列了，这中间需要付出多少心血和汗水啊！

真是了不起的海伦！

1897年6月29日至7月3日，海伦参加了哈佛大学雷德克利夫学院的初试。

考试时，学校了解到海伦的特殊情况，为她专门制订了一套考试方案，并派人把考卷单独送到雷德克利夫学院。每个考生都有一个编号，不写名字，她的号码是233。因为海伦必须靠打字机才能完成考试的答卷，所以她的身份是无法保密的。为了避免她使用打字机的声音影响其他考生，监考人员让她单独在一间屋子里完成考试。屋子外有专人监考。

除了考试方案不同，海伦考试的内容和其他考生没有任何不同。考试科目有德语、法语、拉丁文、英语、希腊罗马史，考试时间总共9个小时。

每门考试的过程中，她总是会碰上这样那样的困难，如，她一向只习惯于读行式印制的命题或让别人把命题拼写在她手上。这次试卷上的盲文她一下子看不懂，让她迷惑了好一阵子。但是不管什么样的困难，最终都被她一个个克服了。最终她的每科成绩都及格了，尤其是德语和英语得了“优”。她之前的付出终于有了满意的回报。

她在自传中总结道：

> 我不抱怨任何人。雷德克利夫学院的执事先生们，没有意识到，他们的试题对我来说是多么难，他们也不了解我必须克服的特殊困难多么大。如果他们不是故意给我设置了许多障碍，那么，使我感到自慰的是：我已经把困难都克服了。

接下来，海伦迫切地想进入大学学习。但是，学院要求海伦在奇斯先生指导下学习一年之后再上大学，认为这样可以将基础打得更扎实。1900 年秋天，海伦通过自己的努力，顺利进入哈佛大学学习，进入了正常人引以为傲的世界顶级大学。

毫无疑问，海伦作为一名重度残疾人，象征的意义已经远远超出了读大学本身。

有一句罗马格言海伦很喜欢："被驱逐出罗马，只不过是生活于罗马之外而已。"这似乎就是对她执着奋斗的人生的最好隐喻。

一由于身体的缺陷，海伦无法走上寻求知识的康庄大道，而是被迫去走那条荒无人迹的崎岖小路。但最终的结果，让海伦引以为傲——她也可以愉快地生活在知识的海洋中。

大学——梦想开始的地方

上大学了。

现在，在海伦面前，敞开的是一个美丽光明的新世界。海伦很激动，仿佛觉得自己通过努力，可以更快地奔向那个新世界。在海伦看来，大学的课堂里一定都是提供先贤智慧的地方，而教授则是智慧的化身。她是做好了一些心理准备的，预想到肯定会有许多障碍，但她有决心克服它。

她喜欢思考，爱憎分明，并且时刻准备着奋斗，她相信在这样一个新的环境里，还会有更多的姑娘和她一同奔跑，永无止境。像胸口有一团烈火，她渴望大学生活，那种渴望，喷薄欲出，一刻也不想等待。因为她知道摆在她面前的，是一个浩瀚无边、奥妙无穷的世界，正在敞开怀抱等待着她的到来。面对这个全新的世界，她相信自己有能力掌控自己的命运。

大学第一年，她选择了法文、德文、历史、英语写作和英国文学这几门课程。在法文方面，她很欣赏高乃依、莫里哀等名家的作品；在德文方面，她认真学习歌德和席勒的作品；在英国文学方面，她甚至学会了用批判的眼光研究弥尔顿的《说出版自由》。学习让她知道了书籍真是好东西，它把知识和经验浓缩成人类前进道路上的基石，时间越长，越有价值。

不过，没过多久，海伦发现大学并非全部如自己想象的那般美好，上大学其实有许多弊端，这是海伦始料未及的。比如，海伦整日里忙着上课做笔记，没有闲暇时间独自思考和反省。而海伦一直以来的学习习惯就是喜欢静坐思考，而不是一味地接受知识。

进入大学以后，她还遇到了各种具体的困难。最麻烦的是教授站在讲台授课，而海伦坐在教室里，因为看不见，又听不见，还无法面对面交流，她像站在遥不可及的另外一个星球上，孤独而茫然。虽然安妮老师已经尽可能地将课堂上的内容拼写在她的手上，但是整个过程都是匆匆忙忙的，应接不暇，根本来不及消化。这样的学习过程真是无聊而无奈。那些快速拼写到手上的字，仿佛夏日里的冰淇淋，瞬间化成一摊奶油，让人烦透了。

因为在课堂上无法记笔记，她的手要忙于听

讲。回家后的第一件事，就是赶紧把脑子里记得的内容赶快记下来。她做的所有练习和考试都是用打字机完成的。她使用的打字机是汉蒙德牌的，这种打字机可以使用活动字板，一部打字机有希腊文、法文或数学符号等好几套活字板，可根据每个人的需要来使用。如果没有它，海伦简直不知道如何完成大学的学业。

海伦那个时候学习的教材版本，大多数都不是盲文版，所以她就比其他同学要花更多的时间去学习。这样的学习过程无疑是烦琐的、吃力的。同样的课程，别的同学早已完成，而她仍在一遍又一遍地继续。面对这些困难，安妮帮助海伦学会管理自己的情绪，尽量将心态调整好。毕竟，自己的路注定比别人要艰难，一个人要得到真才实学，就必须自己去攀登。

不经过跌倒的小孩是学不会走路的。

她不知道跌倒了多少次，遇到了多少障碍，发了多少次的脾气，最终她克服了困难，向更远处跋涉。每一点进步都会化成她前进的动力，她的心变得越来越热切，她知道，更广阔的世界正在等着她。她的每一次挣扎都是一次蜕变，除了凤凰涅槃，她再无退路。

当然，在奋斗中她并不是孤立无援的，威廉·韦德和宾夕法尼亚盲人学院院长艾伦先生都给予她莫大的帮助。他们尽量为她提供所需要的浮凸印刷书籍，这些关怀给了她极大的激励。

在雷德克利夫学院学习的第二年，她学习了英文写作、英国文学、《圣经》、美洲和欧洲的政治体制、古罗马诗人霍勒斯的抒情诗和拉丁文喜剧。科普兰是她最钦佩的讲师，他把文学作品的气势和感染力表现得淋漓尽致，他的讲述让海伦陶醉、沉迷。

兴趣是一剂良方

兴趣是最好的老师。这一年，海伦所学功课都特别有趣，而这些有意思的课也让她变得越来越快乐，这些课程包括经济学、伊丽莎白时代的文学、乔治·L·基特里奇教授主讲的莎士比亚、乔赛亚·罗伊斯教授主讲的哲学史。

海伦还与远古时代朴素的思想家产生了共鸣。她无法面对面地与伟人和智者探讨，就从书本的字里行间、从学问的缝隙之中一点一滴地汲取，像大树的根须紧紧抓住干涸土地里的水分，不放过一丝一毫。

感性思考有时候比理性分析更容易让人理解。许多学者往往花很大精力对这些文学作品进行理性分析，但往往过于生硬，缺少了灵性的东西，而这部分正是感性投入带来的，它往往会让探究事半功倍、印象深刻。海伦反对那些使人迷惑的无休止的评论和批评，因为它们只能给人一种印象：世界上有一千个读者就有一千个哈姆雷特。但是像基特里奇教授这样的大师讲授伟大诗人莎士比亚的作品时，却能使人茅塞顿开。

知识无止境，但不是所有的书籍都是精华。有好多次她只想学习那一部分精华，因为其他内容只是白白浪费时间，占据不必要的脑容量。可有些弯路也是有必要走一走的，大学生活中最恐怖的要算各种各样的考试。虽然她已顺利通过了许多次，考试的前几天也是拼命地往脑子里塞各种神秘的公式和无法消化的年代资料，但是她始终说不上喜欢，那些消化的知识，充其量也就算强行咽下的无法入口的食物。当然，海伦考试的过程也不是一帆风顺的，有时候看完试卷，她觉得知识和试卷的考核内容有较高的匹配度，所学知识像是呼之欲出的油井，感觉自己真幸运。她也有临时抱佛脚或者百密一疏的时候，记忆的内容无法和试卷的题目相吻合，熟稔于心的知识像突然被抽空了一样，明明就在眼前，但就是够不到，着急的样子就像五六岁的孩童怎么伸手也够不到大人举得高高的手里的糖果，除了着急还是着急，除了懊恼还是懊恼。

“略述赫斯及其事迹。”赫斯？谁是赫斯？他是干什么的？这名字听起来太熟悉了，这个问题肯定曾经背诵过，她把脑子里记的东西像过筛子一样过了一遍又一遍，可笑的是，到了这最重要的一部分，却怎么也记不起来。她自己想想也觉得可笑。

她心里的大学生活是十分浪漫的，后来发现，她以为的原来真的只是她以为的。在从浪漫到现实的路上，她已经看清了许多东西，并且学乖了。感谢这些亲身实践，不然，她是不会懂得这些道理的。尤其是在个人品性这一方面，她无比确定耐心对她有多么重要，她接受的教育像从容不迫漫步在田间放牧的老人，悠然自得地吸收大自然的精华。

“知识就是力量。”拥有知识的人都是幸福的，因为掌握了知识就掌握了人类进步的各种思想和业绩，也就能够触摸到时代前进的脉搏，进而领悟到人类崇高的愿望和人类生命的意义。

文学是摆渡人

对海伦而言，文学就是她的摆渡人。热爱学习的海伦从小嗜书如命，她对书籍的依赖程度远远超过常人。其他人通过视听获得知识，她则完全依赖书籍。而在所有的书籍中，文学经典对她的影响至关重要。

她第一次读一篇完整的小说时才 7 岁，这本书叫《方德诺小伯爵》，成了海伦童年时代最亲密的伙伴。从这本书开始，认真读书便成了她生活中最重要的内容。

她喜欢读书，却从不评论书的好坏。作家们将思想珍宝以文字的方式呈现在她面前，就像享受阳光一样，她接受了这些珍宝，除了感激，还是感激。她的生命是有缺陷的，所以她特别喜欢《小妇人》，因为这本书让她感到自己也和那些正常的孩子有一样的思想感情。她也喜欢看寓言故事，它们滑稽逗趣，又充斥着悲惨遭遇，其中包含了许多深刻的寓意。她很早就开始接触《圣经》，虽然并不能理解其内容，但是她的心灵懂得它奇妙的和谐。相比之下，希腊故事比《圣经》里的故事更能吸引她的兴趣。

随着知识的增多，年龄的增大，海伦开始阅读世界名著。她在《圣经》中看到："眼睛看得见的是暂时的，眼睛看不见的却是永恒的。"她最喜欢读莎士比亚的作品，她感受着莎翁笔下的人物，努力体会那些优美的华章。莎翁笔下表现的人性美是永恒的，莎翁也因此永垂不朽。她怀着崇敬的心情随文学经典进入一个真、善、美融为一体的美妙境界。

她还热爱马克·吐温。她曾说过："谁能不喜爱他呢？连上帝也爱他并赋予他多方面的聪明才智，又唯恐他变成一个悲观主义者，于是，他心里又建起了一道爱和信心的彩虹。"

文学书籍读多了，她开始边读书边写作。她要向另一个高峰冲刺。奋斗的路上，留下她坚实的足印和辛勤的汗水。她认为："求学不必太急功近利，应该像散步一样，按部就班地从容研究。因为唯有如此吸收的学问，才能像大海容纳百川般既广且深，充分陶冶一个人的心性，改变一个人的气质。"

她对历史也很有兴趣。从《英国民族史》《欧洲史》到《中世纪》，都是她的所爱。第一本使她体会到历史价值的是斯温顿的《世界史》，这本书是她在13岁生日时收到的礼物，至今依然珍藏着。

进入大学之后，海伦涉猎较多的是法国和德国的文学作品。在德国文学中，她发现其光辉在于它对妇女自我牺牲的爱情这种伟大力量的书写。这种思想几乎渗透到德国所有的文学之中，尤其是在歌德的《浮士德》中表现得最为典型。

海伦最喜欢的法国作家是莫里哀、巴尔扎克和梅里美，作品中充满了批判现实主义的锋芒。至于雨果，她十分敬佩他的天才和浪漫主义气质。

总之，文学就是海伦的理想城。在这个城堡里，她为所欲为地享受着一切，没有任何感觉上的障碍能够阻止她和想交流的人物进行交流。

第五章
五味杂陈的青春

广泛的爱好

也许，很多人对海伦这样的残障人士通常都会有误解，以为这些残障人士因为自身的身体缺陷，不会有广泛的爱好，尤其对运动不会感兴趣，但这一切在海伦·凯勒这里都成了例外。正值青春期的海伦性格开朗，身体健康，她不仅喜欢阅读和思考，而且爱好广泛，尤其喜欢户外运动。

其实还很小的时候，在马萨诸塞州度假时，海伦就喜欢上了划船和游泳。她的整个夏天几乎都是在船上度过的。她划船的时候，会有人坐在船尾为她掌舵，但有时候不靠舵手海伦也能划，她能凭借着水草、睡莲以及岸边灌木丛的气味辨别方向。她使用的是用皮革捆绑的船桨，这样就能把桨固定在桨架上。当船桨处于平稳状态时，她可以通过水的阻力来感知航行的状态。这实在令人惊叹。

她还能敏锐地捕捉到水面上的任何变化。当她驾着小船驶出港湾时，她能感觉到她的周围异常开阔，眼前似乎有一股明亮的暖气，轻轻地将自己拥抱住了。

1901 年的夏天，这位女大学生来到新斯科舍度假。安妮陪同她在哈利法克斯度过了大半个夏天。白天，她们在浅海划船，夜晚，她们伴着雄伟而安静的军舰入眠。毕竟海洋是有脾气的，有一天，她们就遇到了一件惊心动魄的事。当时，西北海湾举行一次划船比赛，要求由各条军舰派小艇参赛，海伦她们乘一只小帆船观看比赛。一开始，海上风平浪静，许多艘小帆船在海上轻轻地荡漾着。比赛刚结束，忽然，一片乌云从海上飘来，迅速布满了整个天空，一时间狂风骤起，惊涛卷浪。海伦所在小帆船的船长是个勇敢的水手，他组织大家拉紧绳索，张开风帆，迎着风浪前进。大风刮得小船东倒西歪，海伦的心怦怦乱跳，双手颤抖不止，但并不害怕，她坚信船长能够战胜恶风险浪。最后小艇终于到达了码头，赢得了岸上人们的欢呼。

这次出海归来，非但没有吓退海伦，相反，她更加迷上了大海。

另外，观赏博物馆和艺术品也是海伦的兴趣之一。对于正常人而言，这种爱好可以理解，可对于盲聋的海伦而言，这样的爱好让很多人都觉得难以理解。在高大冰冷的大理石雕像面前，不凭借视觉，单靠触摸就能欣赏到艺术品的形态、情感和魅力，这不是天方夜谭吗？可是，事实上的确如此，海伦通过一点一点触摸艺术品的过程，借助自己非凡的想象力和理解力，获得了极大的满足和快乐。当海伦的指尖随着起伏的线条而起伏，她瞬间就感受到了艺术家的创作意图和激情。她能在人物的脸上感受到仇恨、勇气和爱。在感知雕塑品的艺术魅力方面，海伦的手真的不比眼睛要差。在她的世界里，手就是眼睛，甚至比眼睛更能体会到雕塑线条的韵律感和细微的变化，甚至能够触摸到艺术家的心跳。

海伦还有一个很特别的爱好，就是去剧院看戏。这也是常人所不能理解的。舞台艺术是视听艺术，大幕一拉，故事就在台上开始进行声色表演。海伦既看不见又听不见，她去剧院能得到什么呢？原来，海伦去剧院，是去寻找演员塑造的角色带给她的立体感，这远非阅读剧本所能企及。台上表演的时候，海伦借助安妮的帮助获得现场演绎的故事情节，让人产生身临其境的感觉。之后，她来到后台去触摸那些主要的角色都是怎样的装扮。海伦第一次到剧院看戏是在波士顿。著名的儿童剧演员艾尔希·莱斯利表演《王子与乞丐》，安妮带海伦去看演出。这是一出感人的小话剧。演出结束后，海伦被允许到后台见识一下艾尔希·莱斯利的王家装束。当时莱斯利面带微笑，顶着一头如云般飘逸垂肩的金发默默站在那里，伸出手向海伦问候，可把海伦高兴坏了。

成年之后的海伦被允许演出结束后可以会见几名伟大的男女演员，伟大演员的表演都具有巨大的魔力，令人暂时忘却现实。比如艾伦·泰莉小姐扮演的王后，亨利·欧文扮演的国王，杰弗逊先生扮演的《里普·梵·温克尔》中的里普，都是一下子就能抓住海伦心灵的表演。有一次，演出过后，安妮带着海伦来到后台，海伦触摸到了里普那奇特的装束，他飘逸的头发和长满胡须的脸，让海伦“看到”了他沉睡了20年之后一朝复苏的样子。

这样观赏戏剧的方式，对于海伦而言，也是无奈之举。好在海伦不会沮丧于生命的局限，相反，她积极地面对这种局限，从其他角度来感受世间万物之美。

如果说每一种事物都有它的神奇之处，那么，处在黑暗和寂静中的海伦，已经领悟到了生活的真谛。无论身处怎样的逆境，她都能笑对。

遇见马克·吐温

早在1894年，海伦还是个懵懂的小女孩儿时，就已经久闻马克·吐温的大名了。吐温先生是美国当代最伟大的作家、演说家，他的真实姓名是萨缪尔·兰亨·克莱门（Samuel Langhorne Clemens），马克·吐温是他的笔名。代表作品有小说《百万英镑》《哈克贝利历险记》《汤姆索亚历险记》等。马克·吐温一生写了大量作品，题材涉及小说、剧本、散文、诗歌等各方面，他是美国批判现实主义文学的奠基人，在美国乃至全世界都享有盛誉。随着年龄的增长，酷爱文学的海伦发现马克·吐温先生对她的影响也越来越大。或者说，在海伦心目中，除了安妮老师和贝尔博士以外，她最敬重的人就是马克·吐温先生了。

海伦14岁那年，在纽约赫顿先生的家里，幸运地见到了马克·吐温。当她握着吐温先生温暖的大手时，心里就有一种直觉：这将是生命中给予她“光明”的人，她必将一生追随。那天，他的幽默谈吐总是逗得海伦开怀大笑。之后，他们又分别在赫顿先生与洛奇先生家中见过几次面。以后的日子里，遇有重大的事情，海伦必和他互相通信。

伟大的马克·吐温先生有一颗慈悲的心。他不管多忙，都愿意抽出时间来关心小海伦。只要和海伦有关，事无巨细，他必定施以援手。他太能理解残障者的心情了。尤其是身处困境的小海伦如此顽强勇敢，聪明可爱，她更愿意多多关心这个不幸的孩子。因此，只要有机会，他就为她讲述一些励志的小故事以及他有趣的冒险故事，让她多接触人生光明的一面。

有一次，他们在赫顿先生家相遇，当时吐温先生正在书房里演讲，控诉美国在越南嗜杀妇孺的残酷军官。作为一名伟大的人文主义作家，无论是政治事件还是战争，吐温先生都强烈反对一切不人道的行为。面对丑恶的现象，他不屑于沉默，而是大力抨击，这是他一贯的作风。他蔑视自我吹嘘的人，鄙视缺乏道义的人，他总是毫不留情地向恶势力挑战。

当吐温先生面对着柔弱的小海伦时，马上变得风趣幽默起来。他总是以轻松的方式鼓励她看重人情的温暖、生命的可贵，这对她日后的成长非常重要。吐温先生与他的夫人一向感情深厚，不幸的是夫人因病早逝，这令他一度陷入巨大的悲伤之中，久久不能释怀。

海伦看到吐温先生如此悲伤，有一次，她上前安慰他说："吐温先生，你可不能太悲伤啊。您看，全世界的人都爱戴您，萧伯纳把您比作伏尔泰，而评论家吉卜林说您是美国的塞万提斯呢！"吐温先生微笑着说："海伦，你知道吗？我写作只有一个目标，那就是让读者开心一笑，因为笑令他们愉快。"

在海伦的心中，马克·吐温先生不仅是伟大的文学家，还是一位伟大的美国人，因为在他身上完美体现了美国人开拓进取的精神，崇尚自由、平等以及开朗幽默的品质。总之，他具有美国人的所有优点。

后来，海伦写完《我所居住的世界》一书后不久，有一天她突然收到吐温先生的邀请，到他的府上小住。伴着意外的惊喜与满怀期待的心情她们出发了。到达当地火车站时，马克·吐温先生派来接她们的马车早已等在那儿了。

时值隆冬时节，到处是晶莹的冰雪，海伦坐在马车上，怀着喜悦的心情，期待着与吐温先生的相聚。沿途的松林里吹来淡淡的清香，沁人心脾。

马车经过一段曲折的山路，爬上一段坡路后，来到一幢白色的建筑物面前，吐温先生正在迎接她们的到来。安妮告诉海伦，吐温先生身着白色衣裳，精神矍铄，银白的头发在午后的阳光下闪闪发光。他们给了彼此一个大大的拥抱。

吃过饭休息过后，吐温先生带她们参观了居住环境。室内温暖的炉火伴着松香，阳台透着温暖的阳光，照在欣欣然跃动的植物上，室内格局整齐又不失别致，她知道吐温先生是位雅致之人，但还是为房屋格外的温馨与惬意感到意外和欣喜。吐温先生亲切地教她打台球，但她意识到自己的状况怕是学不会，吐温先生风趣又亲切地安抚道："像洛奇先生或赫顿先生这样的高手，闭上眼睛也照样可以玩儿得很好。”

当太阳快隐没在地平线的时候，她可以通过窗户看到眼前精致的景色。在后来的回忆里，她一再提及这一刻是如此的美好与温暖。

马克·吐温先生一向风趣幽默，为了不在半夜被打扰，他竟然把屋内设置和物品的摆放位置写在卡片上，以便小偷的偷盗，这样的事情也大概只有他做得出来了。不止如此，吐温先生不惯于安静严肃的就餐氛围，他总是抖各种笑料，说得起劲儿的时候甚至站起身来表演一番，整个餐厅成了他的舞台。

有时他还会随手摘来一朵花给海伦猜，像个孩子般纯真活泼。吐温先生最擅长在轻松的氛围中对她进行反应练习，他时而潜入房间弹琴或者又在别处制造其他声音，然后观察她的反应。他发现音乐声比其他声音更加容易被海伦感觉到，每当这时，吐温先生简直开心得像个孩子。

最难以忘怀的大概是那次饭后散步，海伦和吐温先生漫步在乡间的小路上，他拉着她的手，然后亲切地跟她讲述路边的植物和远处的山丘，微风阵阵，抚在他们的脸上、手上，还有发梢，舒畅极了。走过一段山路，他们想穿过崎岖的小路以及一条小溪，到达山腰的大路，吐温先生有些疲惫了，但依然牵着她的手往前走。有一段路长满了苔藓，海伦刚迈出一步就险些摔倒，吓得站在原地不敢动，拉着他的手不停地在颤抖。吐温先生把手握得更紧了，依然风趣地安慰她说，已经到了地球形成之前的混沌中，但只要勇敢迈起大步，终将走到大路上。她感到内心产生了从未有过的勇气。

日后，每当她为冒险而感到担忧时，继而想到吐温先生的那番话，又有了勇气。这一次散步就此成为她生命中一段珍贵的回忆。

美好的时光总是短暂，临别前一夜，她轻触着他的嘴唇听他读《夏娃的日记》，居然情不自禁地哭了起来。

第二天，她们乘坐马车离开。殊不知这一别竟是最后的诀别。

决不妥协

大学二年级第一学期的一天，《淑女书报》的主编博克忽然派手下的员工威廉来见海伦，开门见山要约稿，以连载的方式在报纸上登出。海伦莫名其妙，当场就拒绝了。的确，她没有足够的时间来专门给一家媒体供稿。不过，威廉却神秘地笑着说：“您不必另外创作，您不是在作文课上已经写了很多吗?”海伦大吃一惊。没错，大一期间，上柯兰教授的作文课时，每星期都要交一篇作业。海伦不禁笑了：“你们怎么连这些事也能打听出来？不愧是做媒体的啊。”紧接着，威廉说，只要海伦把学校里的作文稍加修改，就可变成杂志发表的文章了，稿费待遇从优，一共3000美元，并可提前支付。

面对如此巨额的稿酬，海伦承认自己被打动了，她很快签了合同。但是，她没有想到原先的作文只是全部文稿的一半数量，更没有料到后半部的写作其实困难重重。因此，一开始一切都还顺利，可到了后来，海伦不能及时供稿，问题变得麻烦了。海伦毕竟不是专业作家，还不懂得如何适当加工材料，以应付杂志社的需要。更糟糕的是，海伦对截稿日期的重要性也毫无概念，完全就是个外行。当杂志社发来电报，如“下一章请立刻寄来”或“第6页与第7页的关系交代不清，请立刻回电予以说明”时，海伦常常束手无策。

真是山不转水转。同班同学蕾诺亚知道这一

情况后，主动介绍海伦认识了一个人，说：“我有一个房东老师，不仅头脑清楚，而且待人也热情。如果有事相求，他一定不会拒绝的。”

这个人就是梅西先生。梅西先生其实是哈勃特大学的教授，当时在雷德克利夫学院兼课。梅西先生不仅充满智慧，而且为人热心。他了解情况后，很快就帮助海伦整理好材料。看来他是个编辑能手，他很清楚如何选择、分类，并提出建议，海伦和安妮感到惊异不已。为了能更好地开展工作，第一次上门，他就主动提出让安妮教他学手语。他对安妮说：“我要是能直接和海伦小姐交谈，我一定能更好地帮助她。”第二次来，他很快就学会了手语字母，不久，就能灵巧地使用了。

海伦如期交稿了。博克先生十分满意，称赞她文笔优美。连载完毕后，海伦请人把故事译成布莱叶盲文，她生平第一次读到了自己的故事。

后来，世纪出版公司想把它印成书出版。于是，海伦又用了一个暑假的时间，把全书重新修订。改动小的部分，海伦用盲文机另外打出来，改动大的地方，海伦就用打字机打出来，并及时插入原文，然后根据盲文抄本边读边改。在修改的过程中，她经常要停下来，对照盲文注释修改内容。为了检验文字的节奏是否优美，她还不停地大声朗读。

1903 年 3 月 21 日，海伦的自传《我的人生故事》修订版第一版终于面世了。她在书中描绘了她是如何用触觉、震觉、味觉、嗅觉来代替视觉和听觉的，她能凭借香水或烟草气味就可认出她的朋友，她有着过人的记忆力，能记得握手时别人手指的动作，甚至每个人所具有的不同的肌肉紧张程度。她的文章笔调轻松幽默，警句妙语随时脱口而出。她富于幻想而又爱冒险的精神激励她发愤图强。

海伦成了一位享誉全球的作家。她成功了。

在这期间，梅西先生无疑起到了非常重要的辅助作用。他是一位才思敏锐、出手不凡的文学家。对海伦而言，当时的他既是好朋友，又是一位值得信赖的师长。更有意思的是，他后来与安妮在接触的过程中逐渐产生了感情。他们三人常常结伴，骑着三个车座的自行车出游，玩儿到尽兴才肯回去。

那段时间，在这些年轻人的眼里，大自然的一切都是如此美好，秋天的阳光温暖地照着树梢，候鸟开始成群结队南迁。

熟透了的苹果从苹果树上掉下来了。1905年，安妮和梅西结婚了。

到了大三，海伦已经不愿意只在象牙塔里读死书了，相反，她特别渴望所学的知识能学以致用，去做力所能及的事情，为人类社会贡献一点儿力量。

时机终于到了。有一天，一个叫查尔斯·康培尔的年轻人上门，说他的父亲也是盲人，毕业于伯金斯盲校，在伦敦创立了一所高等音乐师范学院，主要致力于英国的盲人教育。他这次找上门来，就是希望海伦能加入“波士顿妇女工商联盟”这一组织，该组织以促进盲人福利为宗旨。感动于他父子两代人对残疾人的关爱之心，海伦答应参加他们的活动，并一起到议会去请愿，要求为保护盲人而成立特别委员会。

一开始的工作，是在康培尔先生的指挥下，先调查盲人所能从事的一切工作，然后成立了一个实验所，专门教导盲人学习手工技艺，希望能帮助他们自食其力。为了销售盲人的劳动产品，海伦他们又在波士顿开设了一家专卖店，其后，在马萨诸塞州各地设立了好几处同样的商店。

在一系列的实践过程中，海伦逐渐意识到要

想更好地帮助盲人，除了让盲人学会自食其力外，还应该成立全国性的机构，以便盲人交流和职业调查。另一件更重要的事情就是统一各地的盲文，提高盲人的教育水平。

但这些事情说起来容易做起来难啊。何况她一方面要兼顾学业，另一方面工作量也逐渐大起来了，稿约、会议和演讲，应接不暇。

时间过得真快。一转眼，4 年的大学生活已经结束，海伦以优异的成绩毕业了。终于要参加毕业典礼了。当时有一家媒体这样报道过毕业典礼中的海伦和安妮老师：

> 这一天，毕业典礼的礼堂里挤得水泄不通。当然，每位在场的毕业生都将接受毕业证书，但来宾们的目光焦点却集中在一位学生身上，她就是美丽、成绩优异却眼盲的海伦·凯勒。长久以来，不辞辛劳协助这位少女的安妮老师也分享了她的荣誉。当司仪念到海伦·凯勒的名字时，全场响起了雷鸣般的掌声。这位少女不仅以优异的成绩学完了大学的所有课程，而且在英国文学这门课上的表现更是杰出，因此博得了师长、同学的交相赞誉。

实际上，当天专程来参加海伦毕业典礼的亲友不多，只有五六位而已。最遗憾的是，海伦的母亲因为生病而无法前来。校长也只是做了例行演讲，根本没有特别提到任何人。不仅如此，其他老师也没有特别向海伦表示祝贺。海伦上台领毕业证书时，更没有出现如报上所说“雷鸣般的掌声”。总之，毕业典礼并没有像报纸上形容的那样盛大空前。

从大学三年级也就是1903年开始，海伦一直都致力于盲人事业，她还经州长推荐，出任马萨诸塞州盲人教育委员会的主席。后来，她发现这个组织每次开会，总是无实质性的内容，更要命的是会议时间还特别长，这让海伦非常反感，认为是在浪费时间。没过多久，她便辞去了这份工作。

与此同时，海伦发现团体力量对于盲人事业的重要性。为了扩大影响，筹集资金，她必须多参加演讲，来唤起大众的注意与支援。为此，她认识到自己必须提高演讲技巧，以便在大众面前更具说服力。

海伦决定再去拜师，有人给她介绍了怀特先生。怀特先生精研音乐理论，对人类的发声机能很有研究。从 1910 年起，怀特先生每周末都来给海伦上课。

怀特老师的训练方法十分特殊，他首先从发声器官开始训练，逐渐发展到发音的口型以及重音、轻音，然后才是训练说话的节奏与韵律，最后才来修饰音质和音调。

这个过程仍然是艰难和枯燥的，但海伦已经不是第一次吃这样的苦头儿了，所以一切相对还比较顺利。这样训练了大概三年多的时间，海伦终于可以在公众面前开口说话了，尽管不流利，但毕竟已经迈出了很重要的一步。

需要说明的是，关于演讲，安妮老师可是一位天生的演说家，她和海伦尝试着在新泽西进行巡回演讲，她的生动描述，常令听众深受感动。安妮老师的演讲通常在一个小时左右，这时海伦就坐在一旁，默默阅读随身带来的盲文书籍。而等到海伦上场，场面就一下子凝重起来，她站在演讲台上，经常由于太紧张，以致单词都说不清楚，写好的演讲稿也因为紧张而念得磕磕绊绊。好在最后的关头，海伦总能拿出自己的勇气和信念，最终完成了演讲内容。海伦以为自己的声音在台上如洪钟般响亮，但事实上演讲效果总是不尽如人意。台下听众其实都听不清，声音很微弱。

不过，令她感动的是，每当她上台演讲，那些来自社会各个阶层的听众，男女老少，穷人富人，盲聋哑人，都能耐心地从头听到尾。每次演讲结束，他们不论听懂多少，总是报以最热烈的掌声，有些人还特地走上前鼓励她，赞美她。作为一名盲哑人士，她所创造的奇迹，已经够富有传奇色彩了。人们只要能看上她一眼，就觉得受到了巨大的鼓舞。为了让听众们亲眼见证一位盲哑之人如何能与人交流，每当上台，她首先把手指放在安妮老师的唇上，现场解读老师说了些什么，然后她开始演讲，最后回答听众们的问题。她总是鼓励人们只要有信心、恒心与毅力，人类的潜能就往往会带来惊喜。同时，她也呼吁人类应该互助合作。

一开始她们只在新英格兰及新泽西州一带演讲，后来就逐渐去稍远一点儿的地方。1913 年，她们受邀前往华盛顿演讲。

当她们抵达华盛顿时，正赶上威尔逊总统的就职典礼，得以亲历典礼的整个过程。

典礼举行的当天，华盛顿市区内热闹非凡。军乐队走在最前面，奏着雄壮的进行曲，仪仗队在上面雄赳赳气昂昂地走着，兵士们个个精神抖擞，观众也被深深感染了。一切是如此热烈、欢欣。这时，世界大战的阴影正笼罩着全世界。海伦不禁感慨："这些年轻可爱的士兵们可千万不要卷入残酷的战争，他们只要身着整齐漂亮的军服，对着总统敬礼该多好啊。"

可惜的是，没过多久，第一次世界大战全面爆发了。

海伦一直都反对战争，但她只能反对而已，毫无办法。她怎么有能力去阻止这场人类的劫难呢？

贝尔博士

海伦在华盛顿的演讲，到底是安排在威尔逊总统就职典礼之前还是之后，连她自己都记不清了。可是她永远不会忘记的，是当时她和贝尔博士在一起度过了一段最美好的时光。

其实那一次在华盛顿，并不是她第一次与贝尔博士同时站在讲台上，早在她10岁时，就曾与贝尔博士一起出席聋哑教育促进大会了。贝尔博士对她来说，是一位至亲至爱的好朋友，是与她交往历史最为长久，感情也最好的一位。当年的

《霜雪之王》事件，如果不是贝尔博士亲自调查，就不能还海伦和安妮一个清白。当年他还主动出资邀请两位姑娘去参加芝加哥的世界博览会，从此改变了海伦的人生观、世界观和价值观。

亚历山大·贝尔博士是一位温和善良的语言学家和发明家，1847 年 3 月 3 日他出生于苏格兰的爱丁堡，他的祖父和父亲都是著名的语言学家，他的父亲还为聋哑人设计了一套“哑语”，非常实用。受家族熏陶，贝尔对语音传递产生了浓厚的兴趣，并唤起他的学习愿望，踏上了探求科学真理的道路。

1868 年，贝尔进入伦敦大学学习。此时，英国的肺结核病横行，贝尔接连失去了两个亲兄弟。为了躲避这场瘟疫，贝尔的父亲带着全家移居加拿大，这个时候的美国正进行着轰轰烈烈的工业革命。

1873 年，26 岁的贝尔成为美国波士顿大学的一名语言学教授，此时，他的父亲已经是北美十分著名的语言学专家。同时，贝尔还创建了贝尔实验室，发明了各种电子产品，为今天的信息时代立下了汗马功劳。

天才往往各方面都很优秀。贝尔博士不仅仅

是语言学家、发明家，还是一位幽默的慈善家，他一生大力推广聋哑教育事业，创办过聋哑学校。他把发明电话专利得来的钱用作聋哑儿童的奖学金。为了使聋哑的孩子们能像正常人一样说话，贝尔博士可谓不遗余力。

海伦特别喜欢贝尔博士，因为贝尔永远对她伸出温暖的友谊之手。由于贝尔博士相助，安那诺斯先生才会推荐安妮做海伦的老师。贝尔博士一直很赞赏安妮老师的教导方式，他曾经对安妮说："你对海伦的教育方式，我认为是所有教育家们最宝贵的参考资料。"

正是这双友谊之手的温暖，始终在海伦的生命中保持着恒久的热度。在实验室海伦经常仔细听博士讲述自己的实验成果。有不少知名的科学家常常到贝尔博士家做客，如果海伦恰好也在场，贝尔博士就会把大家的谈话写在她的手上。贝尔博士说："世界上的事情无所谓难易，只要你用心去学习，一定可以了解。"

贝尔博士的家正好位于波多马克河入海口，风景十分优美。海伦去拜访贝尔博士的时候，见证了他们全家人相亲相爱的场面。他们父子会并肩坐在河边，边抽着烟，边望着过往的船只，边讨论问题。贝尔博士对母亲非常孝顺。老太太喜欢编织，尤其擅长花草的图案，她会抓着海伦的手，耐心地教她。贝尔博士的两个女儿，年纪与海伦相近，海伦每次去的时候，两姐妹都把她当成家人一般对待。

难怪海伦说贝尔博士是她生命中除了安妮以外最重要的人。的确，贝尔博士对她的关心不亚于对自己的女儿。他对海伦说："海伦，你这么年轻，有必要考虑一下婚姻问题。万一安妮老师有一天结婚了，到时候谁来陪你呢？"当安妮老师与梅西先生结婚时，贝尔博士再次建议："你也赶快建立一个家庭吧。"

可惜，海伦在婚姻爱情问题上永远没有足够的自信，担心自己什么都做不了，只会给喜欢她的人增添负担。

她最后一次见到贝尔博士是在 1920 年，当时他刚从苏格兰回来，对她说："虽然算是回了故乡，可内心里总有身处异国的落寞感。"

那次会面，当她与贝尔博士告别时格外不舍，似乎预感到这将是最后一次见面了。

不幸的是，她的预感竟然是真的。

贝尔博士在 1922 年 8 月 3 日去世，遗体就葬在雷山顶上，这是他自己选的墓址，他曾指着山顶对海伦说：“那就是我长眠的地方。”

贝尔博士的真诚、爱心，还有建议，成为海伦一生之中最宝贵的记忆。

有时候，不得不说，缘分这种东西真的很玄妙。当年，正是贝尔博士把一直生活在混沌状态下的海伦抱在怀中的一刹那，他的大手把她冰冷的小手紧紧握住的一刹那，世界从此就改变了。

有人说，命运对海伦来说是多么残酷，经历了那么多常人无法想象的苦痛。可是，每当海伦回忆起自己和贝尔博士的这场忘年交带来的珍贵友谊，她就会将人生的痛苦彻底忘掉，勇敢地去拥抱幸福。

反战的泡沫球

1912 年 9 月，安妮突然患重病，被送进医院，做了一次大手术。梅西辞职专门照顾她。海伦暂时被朋友接到华盛顿去小住一段时间。

她第一次感到自己多么害怕失去安妮。她发现自己成了别人的负担，这让她很痛苦。她不禁绝望地哭喊着：“我永远是个绊脚石，只会吃不会做的人，一个大包袱！”一向那么勇敢坚强的海伦，在安妮的生命被死亡威胁的时候，终于变得异常脆弱起来。

好在安妮的病情逐渐好转，可以出院了。虽然她仍然很虚弱，但是已逐渐恢复健康。医生告诫安妮要小心休养一年，但是生活的压力迫使她们必须外出赚钱，她们需要去做有偿的巡回演讲。

海伦告诉自己必须做好演讲。她已经决定终身为盲人谋福利，她要把自己的人生经验讲给盲人听。同时，她太需要一笔收入了。她的稿费已经不足以维持她本人的开销。而梅西的收入，也不能维持三人的开支。更糟糕的是梅西和安妮的感情也出现了问题，关系越来越紧张，已经有维持不下去的迹象。

这时又有一个演讲单位聘请海伦和安妮前去，她们开始奔波在路上，不是演讲，就是去访问盲人学校、聋人学校。不过，她越来越担心安妮的身体。一天晚上，在巴斯的旅途中，安妮发高烧了，躺在旅馆的床上，一动不动，到第二天上午，她才从昏昏沉沉中醒来。海伦开始一无所知，到后来才发现老师病得如此严重，一下子就慌了，她忍不住抽泣起来。安妮有气无力，拉过她的手，想拼出一些字，但最终力不从心。安妮病得已经很严重了。由于海伦又盲又聋，根本没法使用房间的电话，又找不到下楼的路，她没有任何办法叫人过来帮忙。她只有在心里祈祷上帝，让安妮赶快好起来。万幸的是，旅馆的服务员来了，他帮忙请来了医生。

几天之后，还是这位服务员送她们上了去波士顿的火车。这场灾难总算熬过去了。

事到如今，海伦决定放下自己的自尊，去请求别人的帮助。3 年前，美国著名实业家、慈善家安德方录·卡耐基先生曾主动提出送海伦一份终身养老金，海伦当时很骄傲就拒绝了。回到兰莯之后，海伦立即给卡耐基先生写了一封信，坦率地告知自己目前的困难，写信求助对她来说是平生最难做的事。卡耐基很快就回了信，信里随寄了一张支票。卡耐基善解人意，他在信中写道："世界上很少人能达到这种境界——让别人为他做他想为别人做的事，现在，你已达到这种境界了。"

1914 年 4 月，梅西终于离开了安妮。这真是令人悲痛的事情。海伦伤心极了，而更现实的问题是她需要一位工作秘书，因为安妮老师的身体越来越差，视力也越来越不行了。

海伦是多么痛苦啊！

真是天无绝人之路。就在这时，一个朝气蓬勃的姑娘来到了海伦身边。她叫波列·汤姆斯，刚从苏格兰回美国。她需要一份工作，看到招聘启事就来了，海伦大喜过望。汤姆斯这时候虽然不懂盲文，但是她非常能干，善于平衡开支，能将工作安排得井井有条，对待客人也很有礼貌。她能快速及时地处理各地来的众多信件。她身体强壮，心地善良，她很快就学会了手语。

有时候海伦禁不住感慨道，上帝还是很仁慈的。当她和安妮老师即将陷入绝望的时候，汤姆斯姑娘的到来，宛若一阵春风，抚平她们生活中的伤痕。

虽然时局不稳，但还是有不少城市的学校、妇女团体，甚至乡村和矿区的组织，邀请她们去演讲。接触到各阶层的社会风貌之后，海伦自然对人生又有了一番不同以往的认识。在此之前，她总以为虽然她又盲又聋，但是只要自己不断努力，仍然可以拥有相当幸福的生活，所谓的命运是奈何不了她的。可是她不明白，她能克服许多困难，都是众多人的帮助才有了今天的局面。而且更幸运的是，她出生在一个充满关怀和幸福感的家庭，有着关怀备至的父母，还有安妮老师及许多好友的协助，才能接受高等教育。而一开始，她并没有深切地领悟到这一点。

现在，她深深地懂得，并不是每个人都能成功地达成自己的愿望，环境的影响仍然很重要。在看过工业区、矿区中那些贫苦的劳工后，她更加深刻地体会到环境对一个人所造成的压力。这种想法逐渐变成了一种信仰。当然，她并没有因为看到社会的黑暗就开始悲观厌世，相反，她在某种意义上更加笃定了人与人应该相互关爱的信念。现实生活很骨感，但理想信念应该更加丰满，这样才能拥有对未来生活的希望，并通过自己的努力与奋斗不断去追求成功。当然，处在顺境中的人，则更有义务去帮助那些弱者和需要帮助的人。

这算是历尽生活的磨难之后，海伦所获得的新的人生馈赠吧。

1914 年春天，海伦第一次有机会横越美洲大陆做巡回演讲。让她开心的是，母亲凯蒂能够与她同行。母亲一直说要去旅行，这一次海伦终于有机会让母亲达成夙愿了。

演讲的第一站是加拿大的渥太华，中途去过伦敦，接下来是俄亥俄州，再下来是密歇根州、明尼苏达州、爱荷华州，如此一路向中西部进发。母亲凯蒂的兴致一直高涨，以至于海伦不时担心她会太累了。她们来到了著名的加利福尼亚州，这让凯蒂特别高兴，因为一直以来她就向往加州。这次游历了旧金山的海滨，发现加州的气候是如此迷人，海边的风光更是让人流连忘返。

她们搭汽船出海，尾随在船后的海鸥让母亲凯蒂兴奋不已。

望着眼前快乐无比的母亲，海伦的思绪却回到了从前。从前那些点点滴滴的记忆，像电影放映一般快速浮现在自己的脑海中，海伦仿佛又回到家乡之中，看到她与母亲在用过早餐后，手挽手来到奇岩林立的海边，脚下是那些长满各种颜色小花的沙丘。

如今，她面对无边的太平洋，享受大自然的美景时，她的心情和母亲是一样的：“看过如此美丽的风景之后，过去的悲哀、痛苦都不值一提了。”

对于汤姆斯来说，她可就顾不上贪恋眼前的美景了。因为秘书的工作量实在太大了，从演讲的接洽、订约，到修改日程、善后等，每个环节，事无巨细，都要她一手承办。这些事情虽然不复杂，但是有时相当烦琐，好在汤姆斯特别能干，做事麻利，安排事情井然有序，还能兼顾照料海伦的生活起居。上帝把汤姆斯这样好的助手送到自己身边来，实在令人欣慰。海伦无法想象，假如没有汤姆斯的帮忙，她们将会面临怎样的不堪。虽然她们已经从卡耐基先生那儿获得一笔可观的款项，但是并不意味着就可以放弃自己认真工作的原则，何况她们需要用钱的地方还很多。

她们结束了巡回演讲，后来又被邀请到华盛顿演讲。回来之后不久，第一次世界大战爆发了。

她们无法再像过去那样随心所欲，去各地演讲了。她只要一想到正在进行的战争浩劫，而且有愈演愈烈的趋势时，就再也无法做到安之若素了。那段时间，她常常梦到流血、杀戮的血腥场面，有时半夜还会惊醒。一些出版社和杂志社向她约稿，希望她写一些比较新潮有趣的文章，可海伦的耳边充斥着枪炮声，眼前浮现着人间的惨状，怎么有心情写那样的文章呢？甚至数千封来自欧洲的求助信，她也没办法回复。

她唯一能做的，就是和所属的团体一道开展积极的反战运动，以期阻止美国加入这场世界大战。

对于前方吃紧的战事，她和安妮老师都是反对战争的一方，她们一致认为应该避免美国被过多的战事波及其中。带着这种反战立场，她们从1916年开始，去了很多个州开展反战和平演讲，堪萨斯州、密西根州等都留下了她们反战的足迹。那些演讲，有时在华丽的大礼堂，有时在临时搭设的帐篷里，她们前往每一个可能的地方，去传播她们的思想。有不少听众都被激起了共鸣。

遗憾的是，对于她们的立场，当时的报纸多半不予支持，其中某些媒体直接讥讽海伦为左翼走狗，予以大肆抨击。

大众传媒文化的兴起，对传播战争思想非常有利，全美各地迅速弥漫着参战热潮。1916年秋，失望至极的海伦，终于沮丧地回到家中。

恋爱告吹

安妮老师的健康状况越来越差了。恰巧，汤姆斯因为老家有事，要回苏格兰探亲。她在海伦这里工作已经两年了，吃苦又卖力，海伦对她非常满意，可是目前她要暂时离开了。没办法，海伦只有临时找了一位新闻记者来接替她的秘书职位。

这个新来的秘书，是个年轻的小伙子。他也很得力，总是将她的工作安排得井井有条，海伦很满意。然而安妮这边总是问题不断，突然胸痛无比，又被诊断患上了急性肋膜炎。好在汤姆斯及时赶了回来帮忙，海伦始终揪着的心总算放下了一点点。

后来，医生又高度怀疑安妮患了肺结核，认为必须立即去疗养一段时间。海伦让汤姆斯一道前往，去照顾安妮老师。

这样，海伦和她们要分离一段时间了。临走时，海伦拉过安妮的手掌，拼写了几个字，只能匆匆告别。

这时，母亲凯蒂来到兰苏照顾和陪伴寂寞的海伦。

这一天，海伦正坐在书房里写稿子，门被打开了。她知道是那位年轻的男秘书，那位新闻记者回来了。她很高兴，这时候正需要他的帮助。海伦很大方地向他伸出手去。他坐了下来，紧紧

握住她的手，好久没有出声。后来，他终于说话了，不过说出来的话，让海伦万分震惊。年轻人说，他爱上了勇敢、温柔、善良的海伦，希望她能接受自己的这份爱。

海伦全身颤抖地听着，自己都无法分辨这是怎样的一种感觉。可有一点是毫无疑问的，此时的海伦已不是花季少女，情感一直处于空白期，确实渴望被关心和爱护。尽管海伦有残疾，也很自卑，但是面对表白这种私人的感情问题，她也没想去征询亲友们的意见，或者她隐约感觉她们一定会反对。犹豫再三，她还是羞涩地答应了。

她记得很多年以前，有一位朋友曾说过，如果哪天有位青年能够打开你的心扉，你不要妄自菲薄，也无须迟疑和拒绝，应该坦然接受，盲哑的病疾并不会影响后代，也不会遗传。如今爱情翩然而至，她决定勇敢地以爱还爱了。

他们每天一起到小树林中散步，敞开心扉聊了很多很多，他们说到了所有的计划，也包括老师安妮在内。属于他们俩的欢乐日渐增进，他终于向她求婚了，同时他们商量暂时保持秘密的关系。

然而纸终究包不住火，安妮老师后来也知道

了这件事情的来龙去脉，可安妮已经顾不上管这件事了。而海伦的母亲凯蒂一直被蒙在鼓里，直到有好事的小报记者将这件事报道出来，母亲终于知道真相了。

这天清晨，海伦满怀着甜蜜，正在穿衣打扮，准备出门，却发现母亲怒不可遏地闯入房间来。感觉到母亲气得发抖的样子，海伦知道瞒不住了，此时她也毫无心理准备，又急于掩饰，随口就说道："报纸上根本是胡说八道，无中生有。这件事我自己都不知情。"

于是，凯蒂正好以此为借口，迅速辞退了那位年轻人。

可怜的海伦，她第一次恋爱就此夭折了。

作为母亲，凯蒂并非不关心海伦，但她坚信自己这个既盲又聋的女儿还是洁身自好为好，免得将来陷入痛苦的深渊而不能自拔。

此事发生之后，海伦再也没有动过有关结婚的念头，她将爱情已经视为奢侈品了。

只是多年之后，海伦想起这事来，连自己也纳闷儿，当时为何要撒谎，以致使两人都陷入痛苦之中。事实上，是她背弃了爱她的那个年轻人。

1916年，世界不太平，海伦的生活也充满烦恼，但终究过去了。

经济陷入困顿

布拉文度湖的气候相当寒冷，安妮在这里休养，但她的病并没有多大起色。因此，到了 12 月底，安妮就和汤姆斯小姐一起前往温暖的波多黎各，打算一直待到第二年的 4 月，那里对安妮的康复十分有利。她们在波多黎各期间，每个星期都写信给海伦。

信上常常提到波多黎各的美丽风光、宜人气候以及她们从未见过的各类花卉。就在这时，美国参战了。安妮被这个消息吓了一跳，因此第二年的 4 月就赶回来了。

没有了工作，她们的存款一天天地减少，在迫不得已的情况下，海伦决定把现在的大房子卖掉，再买相对小的房子来住。

带着伤感与无奈，她们告别了这栋住了 13 年之久的房子。对于居住多年的屋子，室内的一桌一椅忽然变得分外可爱，尤其是海伦那张常年伏案写作的书桌以及书橱，还有庭园前的大落地窗、樱花树下的安乐椅等，更是难以割舍。这里有太多值得回味的往事，有笑有泪，充满了生命的气息。

至此，海伦生命中最精华的10年结束了。她依依不舍地离开兰苏，告别了最富有田园诗风味的兰苏时代。

海伦心中唯一感到安慰的是，虽然不住在这里，但是这幢可爱的房子仍将对另一个家庭发挥它的作用。

拍电影

离开兰苏，在国内旅行了一段很短的时间后，她们最后决定，定居在纽约市郊长岛的佛拉斯特丘陵区。在一处风景优美的地方，海伦买下了一个外表不俗的小屋，它有着类似古代城堡的外貌，处处是凸出的棱角。她们给此地取了个响亮的名字叫“沼泽之城”。

“她们”并不是海伦一个人，因为她需要别人照顾，包括安妮、汤姆斯，还有一条名叫吉兰的小狗，一起成为新居所的主人。

经过长期的奔波劳顿，海伦特别渴望能拥有一段平静的生活。她学着在院子里亲手栽植树木。房子的二层有一间专门为她准备的隔间，作为她的小书房，这间房子四周通透，有充足的

阳光。

在这里，她开始学习意大利文，目的是想读但丁作品的原文。就在这时，她收到了一封特别的来信。信是法国的米拉博士写给她的。在信中，米拉博士提出想把海伦的著作《少女时代》拍成一部电影，并邀请她参加电影拍摄。

海伦开心极了，并很快同意了这一合作项目。她从来没想过自己的这段经历可以拍成电影，而且居然很快要成为现实了。

确定好日期，海伦带着汤姆斯奔赴好莱坞去拍电影了。好莱坞离海伦的居住地纽约市郊有千里之遥，舟车劳顿，安妮根本吃不消，只能留在纽约。

关于拍电影，天真的海伦几乎一无所知。事实上，拍电影首先是个技术活儿，专业要求比较高。同时，拍电影还是个体力活儿，正常人都要吃不少苦，何况她这样又盲又聋的残疾人。

另外，电影作为一种大众艺术，从它产生的第一天起，就具有商品的天然属性。在大众的审美观念里，电影中的女明星多半要求身材很好，容貌漂亮，而海伦作为普通的女孩子，既没有沉鱼落雁之貌，也没有闭月羞花之色，根本没法跟其他好莱坞的女明星相提并论。事实上，电影艺术还需要专业的表演才能，从来没有经过专业培训的海伦，演技自然无从谈起，她既没法让作品赚取观众的眼泪，也无法通过滑稽的表演让观众笑出声来。因此，这部电影的结局是可以想象的。

但不管怎样，海伦的自传作品《少女时代》改编的影片《救济》终于开拍了，由著名的乔治·郝斯特·普拉特先生担任导演，他的成名作是《青鸟》。

整个拍摄过程真是不容易。由于海伦的特殊情况，从一开始沟通就非常吃力，好在导演先生并不急，通常把剧本先给汤姆斯看，汤姆斯获得了导演的指示后，把要点写在海伦的手上，等她领会之后，再由导演敲桌发信号，然后进行正式拍摄。有时，导演会亲自在她手上写几句话鼓励她，比如“不要害怕，我们再来一次”。但是导演鼓励得越多，海伦反而越发紧张。可是导演普拉特先生并不考虑这些，他一会儿让海伦笑，一会儿又让海伦皱眉沉思。她根本无法转换过来，有时她只好站在那里发愣。

在封闭的摄影棚里，强光一打，在众目睽睽下对着摄影机自如地变换表情和动作，这只有专

业演员才能做到。海伦这下算是尝到了拍电影的滋味儿。她无论做什么导演都说不对，急得她汗流浃背，却还要小心翼翼地保护自己不要被汗水弄花了妆。

估计是制片和导演早就预料海伦拍电影有困难，所以海伦的戏份并不多。反映她少女时代和大学时代的戏，分别由两位专业女演员担任了。两位女演员不聋不盲，却能把海伦演得惟妙惟肖。尤其是大学时代的海伦是由其中一位长相甜美、笑容迷人的女演员扮演，有一场梦见希腊诸神的戏，表演真是棒极了，这让海伦终于理解了什么叫作专业。

如果抛开这些不谈，海伦在好莱坞的日子倒也过得有趣，遇到了很多前所未有的事情，尤其是一些拍戏的经历，让她觉得特别刺激。

有一次，剧组在沙漠中拍戏，正巧有别的剧组在拍另一部戏。那天，头顶的太阳火辣辣地照着，仙人掌和灌木丛稀稀落落地扎在这片沙土里。当他们来到一个小村落的拐角处时，忽然有人惊呼道：“看啊！有印第安人！真正的印第安人……”20 世纪初期的美国，普通人和印第安人之间的关系还很紧张，彼此都有很强的距离感。

听到那么一嗓子喊叫，人群顿时骚乱起来，海伦知道后，也想一探究竟。

她下了车。这时，旁边有位向导，他认出了海伦这位享誉全国的名人，便走了过去，请那位印第安人允许海伦摸一摸他的羽毛。海伦摸着他头上戴着的老鹰羽毛，心想，色泽应该鲜艳夺目。摸了一下，她内心便忐忑不安起来，生怕印第安人会动怒。结果这位印第安人开口说话了，居然是流利的英语："女士，您尽管摸好了，没关系的。"这句话一出口，在场的人都惊呆了。海伦后来才弄清楚，原来这并不是真正的印第安人，只不过是位演员，在这里等着拍戏呢。

除了拍戏历险，她在比佛利山的小路上还度过了许多愉快的早晨。她常常与汤姆斯在天还没亮的时候就骑马出门，麝香草和尤加利树的芬芳沁人心脾。徐徐的风吹拂在一望无际的碧绿草原上，别提多舒服了。

这次拍电影，对于海伦而言最大的收获就是借演戏之便，和自己生命中的名人好友们重新欢聚在一起，时光仿佛倒流。海伦和那些扮演老友的演员握手的时候，感觉依旧很温暖，虽然他们说话时的语气和神态与本尊相去甚远。

电影真的是梦工厂，一切都那么陌生，又那么真实。

令人啼笑皆非的是，拍摄的工作即将结束，大家突然发现这部片子少了点儿什么。少了点儿什么呢？“对了，戏剧性，少了戏剧性！”导演一拍脑袋说道。原来，海伦写的故事缺乏好莱坞的戏剧性。

经过几番讨论，剧组最后决定穿插几场带一点儿戏剧性的场面。其中有一场戏，在一个名为“时间”的洞窟前，设计了一位知识小姐和一个无知大汉在激烈搏斗，结果知识小姐赢得胜利，把幼小的海伦抱了起来。而电影结尾部分的一场戏，设计得更为夸张：海伦像圣女贞德似的骑着白马，走在游行队伍最前面，象征着和平使者。拍这场戏海伦要亲自上阵，结果海伦由于无法和白马有效配合，混乱之中差点儿出了事。

电影最后公开上映，结果可想而知。

之后，她重新回到佛拉斯特的住所。

后来，海伦回想起这段电影人生，连她自己都很惊讶，到底是什么样的力量在支持自己去好莱坞拍电影呢？是当时自己的新鲜感在作祟？还是笃定自己的故事可以鼓舞大家，能给社会提供正能量？总之，出于各种原因，尤其是自己的自信，使得她当时没有多加考虑就接受了电影公司的意见。这种冒险精神实在是太冒险了。

第六章
命运的三棱镜

杂技场生涯

接下来的日子，海伦选择由绚烂回归平静，如此过了两年宁静的生活。

在这期间，海伦想到了一件很重要的事情。朋友们赠送款项的前提是只有她在世期间才能使用，但是，万一她先于安妮老师过世，安妮老师的晚年将会失去依托。这个问题一下子难住了海伦，她不得不慎重考虑为安妮老师准备一笔足够的养老金。

她开始绞尽脑汁想办法，并设法开源节流。鉴于此，从 1920 年起，她们决定以客串演出的身份进入波多大厦的杂技场。本来，海伦只是想攒点儿养老金就抽身离开，没想到这一表演就持续了近 4 年，直到 1924 年的春天才结束。在这期间，她们在加拿大、新英格兰、纽约的巡回演出中参与了一下，并没有长期定期表演。

但即使是不定期的巡回演出也不容易，有时候一天要奔波很远，而且一到演出场地，马上就要上台表演，有时候连喘口气的时间都没有。不过，每一次演出都是在一个地方待一个星期左右，时间较为宽裕。剧团有自己一套规范的管理规则，演出要么在下午，要么在晚上，每天共两场，每场仅几十分钟，日常生活还是可以保证的。在这里她们有完全的私人空间，就连观众要求握手的情形都很少发生，完全不用担心会受到骚扰。平心而论，相较于写稿和演讲，海伦觉得这份工作不仅轻松得多，而且收入颇丰，简直一举两得。想到这份工作能使安妮老师的晚年生活有足够的保证，海伦就特别开心。安妮老师却高兴不起来，她可不情愿接受自己的名字与杂技场的特技人员、驯兽师，甚至老虎、狮子，一起出现在节目单上。

不过，安妮也承认，和过去在任何场合遇到的人相比，这个圈子里的人不做作，不虚伪，总是豪迈爽朗，热诚而讲义气，常常让她感动。另外，台下的观众也是既亲切又热情。她们的基本表演流程是，由安妮先上台做简单的自我介绍，然后介绍她的教育方法，回答观众的提问。安妮其实一直很在意观众的提问和反映，没想到看杂技的观众热情朴实，如果他们觉得她的话有道理，就会毫不吝啬地鼓掌大笑，从不掩饰自己的真实感受。也因为这样，她总是用轻松、愉快的交流方式告诉他们问题的答案。这不由得让她想起在教会做演讲的情形，那里观众的情况与这里大为不同。

当然，教会观众与杂技观众的身份不同，在不同的场合下，大家也有不同的心情，但教会观众极为冷静的状态常常使她不知道怎么办才好。当她说完一段话时，台下没有任何反应，也看不到他们有任何表情。而且教会的讲台位置比较高，这总让她有一种在自说自话的感觉。在广播电台演讲和教会一样，周围安静极了，没有人互动，更没有人喝彩，空气中也没有任何生命的味道，仿佛进入到了一个真空的世界。从这个意义上说，她更喜欢在杂技场演出，愿意与观众进行互动，她的演讲不再伴随着寂寞。

后来，她们两人在杂技场演出的消息不胫而

走。由于大家不明真相，社会上的批评开始多了起来。一些别有用心的人批评海伦为了名利不择手段，也有一些好心人通过写信提醒海伦不要跻身演艺圈。

对此，海伦不以为意。为了敬爱的安妮老师，她并不后悔。生活，永远不可能十全十美。生存和名誉，好比熊掌和鱼。“鱼，我所欲也，熊掌亦我所欲也；二者不可得兼，舍鱼而取熊掌者也。”

母亲离世

1924 年 3 月，海伦正在洛杉矶演讲，惊悉母亲凯蒂亡故的噩耗，海伦哀伤不已。海伦 14 岁那年，她的父亲突然撒手人寰，当时海伦尚且年幼，对亲人生离死别的悲痛并没有深切的理解，因此并没有那么伤心。

随着母亲的去世，海伦第一次认真回顾了母亲的一生，以寄托自己的哀思。

多年以后，海伦才认识到，母亲对于自己的人生，其实起着至关重要的作用。假如没有英明的母亲当年全力支持并说服丈夫，允许安妮与海伦独自相处那关键的半个月，海伦这辈子有可能就永远也改不掉身上恶劣的坏毛病，安妮老师就只能知难而退了，而海伦的人生就要彻底无法改写了。

其实，对海伦来说，关于母亲的记忆，之前是一片空白。母亲后来常回忆海伦出生时的情景，全家人既快乐又骄傲。她相信母亲的话，因为在她患病之前的 19 个月，所有的事情都一直保存于母亲的脑海中，母亲常常如数家珍般地将大大小小的事说给她听。

在母亲凯蒂 23 岁时，海伦遭遇了那场大病，病愈之后便又盲又聋。小海伦无疑最可怜，可年轻柔弱的凯蒂，内心更是充满了绝望，但她不能倒下。作为母亲，自己还是女儿最强大的依靠，所以她只能悄悄藏起了自己的悲伤。

后来，凯蒂又生下了两个孩子，他们的出生给了她慰藉和欢乐，但她最牵挂的还是海伦。无论是早上起床还是晚上临睡前，她第一件想到的事情一定都是有关海伦的。晚年以后，她的手部患有严重的关节炎，写字非常吃力，但她从不间断用盲文给海伦定期写信。

在保守的美国南方，对于女性总是以传统的观念来看待。凯勒家族殷实富有，但家庭主妇的工作非常繁重，监督佣人工作、种菜、喂养牲畜、烧饭缝衣、招待客人等，这些琐碎的家务全都由瘦弱内向的母亲一人承担，她却从未抱怨。

在忙完家务之余，母亲兼做家里出色的园丁。正是母亲培植了花园里诸多美丽的植物，给全家建造了一个绿色的天堂。她在家中的存在，正好比这美丽舒适的花园，让海伦流连忘返而不自知。

令人惊讶的是，凯蒂对时政问题也颇感兴趣，她经常通过阅读书报了解时政新闻。她讨厌那些伪善和愚蠢的政治家，所以常常会语出惊人，批评那些心怀不轨的政客。她欣赏头脑敏锐、机智幽默的评论家，尤其是女性评论家，比如汤玛斯·卡莱夫人，她还曾和卡莱夫人通过信。

而在作家行列中，母亲却偏爱惠特曼、巴尔扎克等人，母亲总是将他们的作品反复阅读，有的段落甚至可以背下来。

这位善良而知性的美国家庭主妇，不仅仅给了海伦聪明的大脑，强壮的身体，更是海伦风雨人生中沉默而又最坚强的依靠。

她是平凡的，但又决不平凡。

第七章
华丽谢幕

意外之喜

1921年，在相关组织的长期策划之下，在俄亥俄州举办了首届美国盲人事业家协会。这意味着全国性盲人慈善机构终于成立了，这是许多人奋斗多年的结果。

在这个协会中，纽约的M·C·麦格尔先生担任首任会长。麦格尔先生开始完全靠朋友们的资助经营此协会。从1924年起，协会改变方针，决定向社会大众筹募基金，所以基于海伦的名人效应，麦格尔会长希望能够得到海伦的帮助，一起完成这项任务。

也正是从1924年开始，海伦正式参与到为美国盲人事业家协会募集资金的工作中，这个重任成为海伦生命中的转折点。从此，她一生都走在为盲人募捐的慈善事业之路上。

一开始，海伦对于为募集资金而四处奔波的生活有些害怕和抵触，但最终她的善良以及为了所有盲人们谋福利的责任心，促使她勉为其难，尽全力去做。于是，和10年前一样，她又开始进出于城市的高楼大厦，到处去演讲募捐。

此次设立下属基金会的目的，仍然是帮助盲人们学到一技之长，可以使他们在社会上有立足之地。另外，也期望可以帮助那些有天赋而家境贫寒的盲人，进一步学习深造。事实上，这类被埋没的天才确实不少。

此后3年多的时间里，她几乎跑遍了全国的各个角落，到访过100多个城市，参加过多达200多场的募集会议，听过她演讲的观众达20多万。她还主动与众多团体进行联合募集，比如发动教会、学校、报纸等，大家以实际行动支持海伦的爱心。这其中尤属狮子会的会员最热心，他们志愿照顾残障儿童，包括盲童。

当海伦40岁时，她的慈善事业迎来高峰期，好事接连而至：美国盲人事业家协会顺利成立；募捐运动成果辉煌；百家争鸣的盲文最终得以

统一。

另外，政府不仅投入巨资修建了盲人图书馆，而且设立了盲人书筹基金，帮助发展盲人事业。紧接着，全美各州的红十字会也成立了附属盲文机构，专门负责把书翻成盲文。海伦她们长久关心的一战中不幸失明的士兵最终获得了政府的福利。

为了进一步争取更多的资金和社会的关爱，1926 年冬天的一个下午，海伦和安妮老师专程前往白宫拜会柯立芝总统。总统拉着海伦的手，放在自己的嘴唇上，真诚地告诉她：“我觉得你们所做的工作非常了不起，只要我能力所及，一定全力协助。”后来，总统成为盲人协会的名誉总裁，替聋哑者争取了不少福利。而住在华盛顿的好友——贝尔博士的女儿艾露滋夫人，也为她们向大众呼吁。

1927 年，海伦将自己的自传结集出版，取名《我的宗教》。书中详细记载了自己如何从宗教信仰中皈依与向善，并真诚、坦率地表达了自己的愿望。

1930 年，海伦又出版了一部作品，名字叫《中流》，寓意面对黑暗，自己愿做中流砥柱，与生活的美好为伍。这是在汤姆斯等人的帮助下得以完成的。

这几年，她为了写书，基本上很少外出募捐，但她发起的募捐活动如火如荼。不仅有大富翁洛克菲勒先生、麦克尔先生等人慷慨解囊，社会各个阶层学生、劳工、军人等也参与进来了，世界各地的爱心人士也带动起来了。

由于多年不懈的努力，1932 年《图画评论》颁给海伦一份 5000 美元的成就奖，海伦随即将这份奖金全数捐赠给救济失明者和失聪者的社会团体。

人们说，海伦已经不再是一个单纯意义上的“人”，而是一个机构，一个盲人慈善机构。她常常应邀到各种集会以及立法会议上演讲，还要不断地写作，不断地筹募资金，到欧洲访问，为盲人工作咨询。

海伦变得极其忙碌，但她始终是快乐的。

1936 年和 1937 年，海伦的日记终于出版了。书评家说：“这是她决定要奉献一生为人群服务的实录。”

与此同时，海伦多年的奋斗有了初步的成果——美国已经有 30 个州都成立了盲人福利机

构，200 万美元的海伦·凯勒盲人基金也已经筹募到了半数。

安妮去世

1936 年 10 月 19 日，年老多病的安妮·沙莉文最终与世长辞。这位与海伦·凯勒形影不离，共同度过 50 年岁月的不凡女性，遽然离去，对海伦是一个极为严酷的打击。

多年来，海伦已经把老师视为自己身体的一半，老师怎么能抛弃她先行离开呢？这样的伤痛用言语是难以形容的，海伦整个人都要崩溃了。她在日记中写道：“极度的悲伤就像是无边无际的——永恒的黑夜。”

安妮·沙莉文老师的骨灰被安置在华盛顿国家教堂里。为了帮助海伦排遣内心的悲伤，汤姆斯带着海伦坐船到苏格兰去。汤姆斯当牧师的哥哥拍电报来，邀请她们去波斯威尔家做客。

汤姆斯牧师的住处是个好地方。她们刚一到达，孩子们立即冲出来迎接她们，屋里有炉子、热茶等着她们，这温暖令人舒心。但是，独处的时候海伦又不由自主陷入沉痛的悲伤之中。

她决定远离故土，到日本疗伤。在此之前，

她接受过日本盲人岩桥武雄先生的访问，他曾邀请她去日本。早在12月，日本政府就发了电报请她春天去日本。美国盲人基金委员会主席米格尔先生写了一封热情洋溢的信，建议她接受邀请。

1937年2月，她们回到纽约。3月底，海伦和汤姆斯从旧金山出发，开始了日本之行。

日本对她的欢迎极为隆重，极为热烈。美国驻日大使，日本政府官员，盲人、聋人学校代表，都到场迎接。

海伦忙得忘记了个人的悲伤。她召开记者招待会，探讨教育残疾儿童的问题，她到处演讲，视察残疾人学校，并受到了天皇、皇后的接见。

她们品尝日本食品，按日本方式跪坐，睡榻榻米。在奈良，寺庙的僧侣邀请她爬上梯子抚摸佛脚。海伦是享受这种神圣特权的第一位妇女。

回国之后，海伦逐渐从悲伤中走了出来。她对自己说："老师期望于我的，是能继承她的遗志，继续为所有不幸的人尽我的心力。"每当海伦懈怠、沮丧时，安妮老师仿佛在她耳边低声说道："海伦，老师可不喜欢你现在的样子。"

安妮老师昔日的教诲成为支撑海伦不断向前的动力，海伦在慢慢重建她的意志，调整她的目

标。她依然辛勤地工作着。

此时，海伦·凯勒下了更大的决心，要全心全意为世界上 1200 万盲人贡献自己的余生。

安妮·沙莉文，这位罕见的天才教育家，带着博爱和智慧，点燃了海伦的生命火炬，成为照亮残障者的灯塔和守护的天使。

正是她，耗尽一生的心血，培育了 20 世纪不朽的传奇——海伦·凯勒。

重著书稿

1940 年，海伦又完成了《让我们保持信心》这部书。这是她在恩师安妮·沙莉文去世之后，走出巨大的悲伤阴影，重新投入工作的见证。

此后，海伦继续投入到盲人的慈善事业中，她也成为世界和平的推动者。海伦先后出版了《我的一生》《我所居住的世界》《石壁之歌》等图书，名气越来越大，广受社会欢迎。作为聋盲之人，她通过自己艰辛的努力，已经跻身社会上层，生活上完全有了保障。但是，她并没有忘记那些仍然生活在最底层的盲人和穷人，她知道还有千千万万的盲人在痛苦和黑暗中挣扎，得不到社会的帮助，生活很悲惨。她要为他们呐喊和代言。

1945年，第二次世界大战刚一结束，盲人基金委员会便邀请她到欧洲去视察盲人情况。在此期间，她到了很多国家，走访了英国、法国、意大利这些国家中战时失明的人。她还去了巴黎赫斯先生的家，赫斯先生曾在海伦家做了12年的家务总管。他们一道坐船去荷兰看望朋友。

1945年的圣诞节早上，她们辗转回到了故乡，然而眼前的景象让她们目瞪口呆。她们的房子被烧得精光，所有的财产荡然无存。最令她伤心的，是她呕心沥血写了20年的《我的老师》的手稿付之一炬。

她不禁失声痛哭。

要重建一幢房子不难，但要重写《我的老师》，对于海伦来说，何其艰难！

好心的邻居布拉迪先生及时收留了她们。

平复心情之后，海伦决定振作起来，即使单枪匹马也要重新完成书稿。她借助打字机，又开始了漫长的写作生涯。虽然这样的写作常因为盲人慈善事业而中断，但是她最终克服了种种困难，于1955年重新完成了《我的老师》的全部书稿。

屈指算来，从动笔到最后出版，海伦前后共花费了 10 年的时间和心血。

在敲完最后一个单词之际，海伦已是热泪长流。

她对外宣布，这是她写得最好的一本书，也是她最后一本书。

倘若安妮老师在天有灵，也要感动至极。

这需要怎样的毅力才能做到啊！伟大的海伦·凯勒。

荣誉之身

第二次世界大战终于宣告结束，海伦立刻再次赶赴欧洲各国访问，旨在调查战后盲人们的生活状况。随着战事的结束，海伦穿梭于许多百废待兴的城市之间，发现有许多因战争受伤而失明的军人亟待援助。海伦到处演讲游说，呼吁对这些人展开救济工作。

1947 年，为了替这些战争中的受害者募集基金，海伦再度赴欧。又过一年，为了同样的目的，海伦前往亚洲，发起对失明军人的救济运动。

1951 年，她前往叙利亚、黎巴嫩、土耳其、南非共和国、罗得西亚及非洲其他国家访问，所到之处，都极力宣传盲人的福利事业。

1954 年 10 月，海伦开始了第二次横越大陆的演讲旅行。

这次旅行由汤姆斯小姐陪同。自从安妮老师去世后，汤姆斯小姐就一直在海伦身边陪伴了。她们先后到巴基斯坦、印度、缅甸，回程中顺道再访日本。

此时，海伦已经是 75 岁高龄了。站在讲台上的她，依然充满了热情与活力，用不很清晰的语言，努力为盲人们争取福利，闻者无不动容，为之感动。

1956 年 11 月 15 日，海伦和汤姆斯回到了久违的美国波士顿伯金斯盲人学校。

她走进校园，汤姆斯带着她来到一个熟悉的物体面前。她摸到圆球了，她认出来那是地球仪。她激动地对汤姆斯说："这是安妮老师带她第一次来伯金斯的时候教给我的第一个东西。"

她深情地回忆着大胡子安南库诺斯校长，还有慈母般的霍普金太太，还有一个个老师和朋友……

70 年前，那位 20 岁的姑娘，安妮 · 沙莉文老师，就是在这里毕业的。

这次重返盲校，她不止是为了童年的回忆。她是被请参加海伦·凯勒午宴的主宾，一大批著名的聋盲人教育家都出席了，做她的陪客。她还要来参加凯勒—梅西宿舍竣工揭幕式。

宾主全体走过校园，在校长演讲完之后，汤姆斯领着海伦走上前去。

海伦摸索着的手突然颤抖起来。她拉了一下绳子，幕布落下了。一块放在校园新建入口处的匾额露出来。海伦深情地抚摸着上面凸起的文字：

凯勒—梅西宿舍

纪念和缅怀海伦·凯勒与安妮·沙莉文

海伦在揭幕仪式上，大声宣读着：“我们有三个目的：一、教育聋盲男女儿童；二、培养教育聋盲儿童的教师；三、探讨教育聋盲青年成才的方法。”

安妮·沙莉文从没当过小学老师，但她是最优秀的老师，她唯一的学生海伦德高望重，享誉世界，获得了许多荣誉学位，取得了巨大的成就。

如今，年迈的海伦感到最幸福的，就是她知道如今的聋盲儿童过得比她当年要好，她和安妮老师为此终生奋斗过。“凯勒—梅西宿舍”就是对她们最大的肯定。这是世界人文馆中最灿烂的勋章。

1956年11月15日，这一天将永远被历史所铭记！

1959年，联合国盛赞海伦·凯勒对人类的贡献，推崇她无私的爱心，并为纪念她来年的80岁生日而组成“海伦·凯勒80岁纪念财团”，募集125万美元，创立了“海伦·凯勒国际奖”，用于奖励全球各地对盲哑教育有卓越功绩的个人或团体。

1960年6月27日，为了庆祝海伦80岁生日，美国海外盲人联盟主办了一项盛大的庆祝仪式。当天，纽约市长宣布：每年的6月27日成为“海伦·凯勒纪念日”，让后人永远记住这位伟大的女性。

海伦·凯勒很高兴，唯一觉得遗憾的，是无法让长眠地下的汤姆斯分享这些荣耀。汤姆斯陪伴了海伦45年之久，她生命中最美好的岁月全部献给了海伦·凯勒。接替汤姆斯陪伴海伦·凯勒的，是艾玛琳·赛特夫人。

在巨大的荣誉面前，海伦并没有停止工作的

脚步。她的工作和生活都十分有规律，每天早上起床，她到院子散完步，收拾好房间，再回到书房开始一天的工作。她每个月至少到纽约的盲人协会去一次，海伦一直没有停止她在这里的工作。

1967 年，也就是她 87 岁那年，她的健康每况愈下，已经无法下床，只能躺在乡间的屋里静养了。1968 年 6 月 1 日，海伦 · 凯勒心脏病突发，不幸逝世于康涅狄格州的西港。医生说，海伦离开的时候也依然面带微笑，似乎是对自己一生的感恩。

这位终身在黑暗中为人类奋斗的伟大女性，终于静静地离去了。她的骨灰与安妮 · 沙莉文、汤姆斯一起放在了华盛顿的国家大教堂中。

她照亮世人的，是她光明的一生。

附录
海伦·凯勒：《假如给我三天光明》

第一天

有一所大房子

第一天，将会是忙碌的一天。我将把我所有亲爱的朋友都叫来，长久地望着他们的脸，把他们内在美的外部迹象铭刻在我的心中。我也将会把目光停留在一个婴儿的脸上，以便能够捕捉到在生活冲突所致的个人意识尚未建立之前的那种渴望的、天真无邪的美。

我还将看看我的小狗们忠实信赖的眼睛——严肃、谨慎的苏格兰犬达吉和强壮、善解人意的丹麦大狗海尔格。它们热情、温顺而又顽皮，与它们之间的友谊给了我很大的安慰。

在忙碌的第一天，我还将观察一下我的房间

里简单的小东西，我要看看我脚下的小地毯的温暖颜色，墙壁上的画，将房子变成一个家的那些亲切的小玩意儿。我的目光将会敬重地落在我读过的盲文书籍上，然而那些拥有视力的人们所读的印刷字体的书籍，会使我更加感兴趣。在我一生漫长的黑夜里，我读过的和人们读给我听的那些书，已经成为一座辉煌的巨大灯塔，为我指示了人生及心灵的最深的航道。

这第一天的下午，我将到森林里进行一次远足，让我的眼睛陶醉在自然界的美丽之中，在几小时内，拼命吸取那经常展现在正常视力人面前的光辉灿烂的广阔奇观。自森林郊游返回的途中，我要走在农庄附近的小路上，以便看看在田野耕作的马（也许我只能看到一台拖拉机），看看紧靠着土地过活的悠然自得的人们，我将为光艳动人的落日奇景而祈祷。

当黄昏降临，我将由于凭借人为的光明看见外物而感到喜悦。当大自然宣告黑暗到来时，人类天才地创造了灯光，来延伸他的视力。在第一个有视觉的夜晚，我将睡不着，心中充满对于这一天的回忆。

第二天

面朝大海

有视觉的第二天，我要在黎明起身，去看黑夜变为白昼的动人奇迹。我将怀着敬畏之心，仰望壮丽的曙光全景，与此同时，太阳唤醒了沉睡的大地。

这一天，我将向世界，向过去和现在的世界匆忙瞥一眼。我想看看人类进步的奇观，那变化无穷的万古。这么多的年代，怎么能被压缩成一天呢？当然是通过博物馆。我常常参观纽约自然史博物馆，用手摸一摸那里展出的许多展品，但我曾经渴望亲眼看看地球的简史和陈列在那里的地球上的居民——按照自然环境描画的动物和人类，巨大的恐龙和乳齿象的化石，早在人类出现并以他短小的身材和有力的头脑征服动物王国以前，它们就漫游在地球上了。博物馆还逼真地介绍了动物、人类以及劳动工具的发展经过，人类使用这些工具，在这个行星上为自己创造了安全牢固的家。博物馆还介绍了自然史的其他无数方面。

我不知道，有多少本文的读者看到过那个吸引人的博物馆里所描绘的那些栩栩如生的动物形形色色的样子。当然，许多人没有这个机会，但是，我相信许多有机会的人却没有利用它。在那里确实是使用你眼睛的好地方。有视觉的你可以在那里度过许多受益匪浅的日子，然而我，借助想象中的能看见的三天，仅能匆匆一瞥而过。

我的下一站将是大都会艺术博物馆，因为正像自然史博物馆显示了世界的物质外观那样，艺术博物馆显示了人类精神的无数个小侧面。在整个人类历史阶段，人类对于艺术表现的强烈欲望几乎像对待食物、藏身处以及生育繁殖一样迫切。在这里，在大都会艺术博物馆巨大的展览厅里，埃及、希腊、罗马的精神在它们的艺术中表现出来，展现在我面前。我通过手清楚地知道了古代尼罗河国度的诸神。我抚摸了帕特农神庙中的复制品，感到了雅典冲锋战士有韵律的美，阿波罗、维纳斯以及双翼胜利之神莎莫瑞丝都使我爱不释手。荷马的那副粗糙有须的面容对我来说是极其亲切的，因为他也懂得什么叫失明。

我的手依依不舍地留恋罗马及后世那些逼真的大理石雕刻，我的手抚摸遍了米开朗琪罗感人的英勇的摩西石雕像，我感知到罗丹的力量，我敬畏哥特人对于木刻的虔诚。这些能够触摸的艺术品对我来讲，是极有意义的，然而与其说它们是供人触摸的，毋宁说它们是供人观赏的，而我只能猜测那种我看不见的美。我能欣赏希腊花瓶简朴的线条，它的那些图案装饰我却看不到。

因此，这一天——给我光明的第二天，我将通过艺术来搜寻人类的灵魂。我会看见那些我凭借触摸所知道的东西。更妙的是，整个壮丽的绘画世界将向我打开，从富有宁静的宗教色彩的意大利早期艺术以及带有狂想风格的现代派艺术。我将细心地观察拉斐尔、达·芬奇、提香、伦勃朗的油画。我要饱览韦罗内塞的温暖色彩，研究埃尔·格列柯的奥秘，从柯罗的绘画中重新观察大自然。啊，你们有正常视力的人竟能欣赏到历代艺术中这么丰富的意味和美！

在我对这个艺术神殿的短暂游览中，我一点儿也不能评论展开在我面前的那个伟大的艺术世界，我将只能得到一个肤浅的印象。艺术家们告诉我，为了达到深刻而真正的艺术鉴赏，一个人必须训练眼睛。一个人必须通过经验学习判断线条、构图、形式和颜色的品质优劣。假如我有视觉，从事这么使人着迷的研究，该是多么幸福啊！但是，我听说，对于有视觉的许多人来说，艺术世界仍是个有待进一步探索的世界。

我十分勉强地离开了大都会艺术博物馆，虽然它装着美的钥匙。但是，看得见的人们往往并不需要到大都会艺术博物馆去寻找这把美的钥匙，同样的钥匙还在较小的博物馆中甚或在小图书馆书架上等待着。但是，在我假想的有视觉的有限时间里，我应当挑选一把钥匙，能在最短的时间内去开启藏有最大宝藏的地方。

我重见光明的第二晚，我要在剧院或电影院里度过。即使现在我也常常出席剧场的各种各样的演出，但是，剧情必须由一位同伴儿拼写在我手上。然而我多么想亲眼看看哈姆雷特迷人的风采，或者穿着伊丽莎白时代鲜艳服饰的生气勃勃的福斯塔夫。我多么想注视哈姆雷特的每一个优雅的动作，注视精神饱满的福斯塔夫的大摇大摆。因为我只能看一场戏，这就使我感到非常为难，因为还有数十幕我想要看的戏剧。你们有视觉，能看到你们喜爱的任何一幕戏。当你们观看一幕戏剧、一部电影或者任何一个场面时，我不知道，究竟有多少人对于使你们享受它的色彩、优美和动作的视觉的奇迹有所认识，并怀有感激之情呢？

由于我生活在一个限于手触的范围里，我不

能享受到有节奏的动作美。但我只能模糊地想象一下巴甫洛娃的优美，虽然我知道一点儿律动的快感，因为我常常能在音乐振动地板时感觉到它的节拍。我能充分想象那有韵律的动作，一定是世界上最令人悦目的一种景象。我用手指抚摸大理石雕像的线条，就能够推断出几分。如果这种静态美都能那么可爱，看到的动态美一定更加令人激动。

我最珍贵的回忆之一就是约瑟·杰弗逊让我在他又说又做地表演他所爱的里普·梵·温克尔时去摸他的脸庞和双手。我多少能体会到一点儿戏剧世界，我永远不会忘记那一瞬间的快乐。但是，我多么渴望观看和倾听戏剧表演中对白和动作的相互作用啊！而你们看得见的人该能从中得到多少快乐啊！如果我能看到仅仅一场戏，我就会知道怎样在心中描绘出我用盲文字母读到或了解到的近百部戏剧的情节。

因此，在我虚构的重见光明的第二晚，我没有睡成，整晚都在欣赏戏剧文学。

第三天

春暖花开

第三个清晨，我将再一次迎接黎明，急于寻

找新的喜悦，因为我相信，对于那些真正看得见的人，每天的黎明一定是一个永远重复的新的美景。

依据我虚构的奇迹的期限，这将是我有视觉的第三天，也是最后一天。我将没有时间花费在遗憾和热望中，因为有太多的东西要去看。第一天，我奉献给了我有生命和无生命的朋友。第二天，向我显示了人与自然的历史。今天，我将在当前的日常世界中度过，到为生活奔忙的人们经常去的地方去，而哪儿能像纽约一样找得到人们那么多的活动和那么多的状况呢？所以城市成了我的目的地。

我从我的家，长岛的佛拉斯特小而安静的郊区出发。这里，环绕着绿色草地、树木和鲜花，有着整洁的小房子，到处是妇女、儿童快乐的声音和活动，非常幸福，是城里劳动人民安谧的栖息地。我驱车驶过跨越伊斯特河上的钢制带状桥梁，对人脑的力量和独创性有了一个崭新的印象。忙碌的船只在河中急驶——高速飞驶的小艇，慢悠悠、喷着鼻息的拖船。如果我今后还有看得见的日子，我要用许多时光来眺望这河中令人欢快的景象。

我向前眺望，我的前面耸立着纽约——一个仿佛从神话的书页中搬下来的城市的奇异高楼。多么令人敬畏的建筑啊！这些灿烂的教堂塔尖，这些辽阔的石砌钢筑的河堤坡岸——真像诸神为他们自己修建的一般。这幅生动的画面是几百万人民每天生活的一部分。我不知道，有多少人会回头对它投去一瞥，只怕寥寥无几。对这么壮丽的景色，他们视而不见，因为这一切对他们来说太熟悉了。

我匆匆赶到那些庞大建筑物之一——帝国大厦的顶端，因为不久以前，我在那里凭借我秘书的眼睛“俯视”过这座城市，我渴望把我的想象同现实做以比较。我相信，展现在我面前的全部景色一定不会令我失望，因为它对我来说将是另一个世界的景色。

此时，我开始周游这座城市。首先，我站在繁华的街角，只看看人，试图凭借对他们的观察去了解一下他们的生活。看到他们的笑颜，我感到快乐；看到他们严肃的决定，我感到骄傲；看到他们的痛苦，我不禁充满同情。

我沿着第五大街散步。我漫然四顾，眼光并不投向某一特殊目标，而只看看万花筒般五光十

色的景象。我确信，那些活动在人群中的妇女的服装色彩一定是一幅决不会令我厌烦的华丽景色。然而如果我有视觉，我也许会像其他大多数妇女一样，对个别服装的时髦式样感兴趣，而对大量的灿烂色彩不怎么注意。我还确信，我将成为一位习惯难改的橱窗顾客，因为观赏无数精美的陈列品一定是一种眼福。

从第五大街起，我做一番环城游览——到公园大道去，到贫民窟去，到工厂去，到孩子们玩耍的公园去。我还将参观外国人居住区，进行一次不出门的海外旅行。我始终睁大眼睛注视幸福和悲惨的全部景象，以便能够深入调查，进一步了解人们是怎样工作和生活的。我的心中充满了人和物的形象。我的眼睛决不轻易放过一件小事，密切关注所看到的每一件事物。有些景象令人愉快，使人陶醉，但有些则是极其凄惨，令人伤感。对于后者，我决不闭上我的双眼，因为它们也是生活的一部分。在它们面前闭上眼睛，就等于关闭了心房，关闭了思想。

我有视觉的第三天即将结束了。也许有很多重要而严肃的事情，需要我利用这剩下的几个小时去看，去做。但是，我担心在最后一个夜晚，我还会再次跑到剧院去，看一场热闹而有趣的戏剧，好领略一下人类心灵中的谐音。

到了午夜，我摆脱盲人苦境的短暂时光就要结束了，永久的黑夜将再次向我迫近。在那短短的三天，我自然不能看到我想要看到的一切。只有在黑暗再次向我袭来之时，我才感到我丢下了多少东西没有见到。然而我的内心充满了甜蜜的回忆，使我很少有时间来懊悔。此后，我摸到每一件物品，我的记忆都将鲜明地反映出那件物品是个什么样子。

我的这一番如何度过重见光明的三天的简述，也许与你假设知道自己即将失明而为自己所做的安排不相一致。可是，我相信，假如你真的面临那种厄运，你的目光将会尽量投向以前从未见过的事物，并将它们储存在记忆中，为今后漫长的黑夜所用。你将比以往更好地利用自己的眼睛。你所看到的每一件东西，对你都是那么珍贵，你的目光将饱览那出现在你视线之内的每一件物品。然后你将真正看到一个美丽的世界在你面前展开。

失明的我可以给那些看得见的人一个提示——对那些能够充分利用天赋视觉的人一个忠

告：善用你的眼睛吧，犹如明天你将遭到失明的灾难。同样的方法也可以应用于其他感官。聆听乐曲的妙音、鸟儿的歌唱、管弦乐队的雄浑而铿锵有力的曲调吧，犹如明天你将遭到耳聋的厄运。抚摸每一件你想要抚摸的物品吧，犹如明天你的触觉将会衰退。嗅闻所有鲜花的芳香，品尝每一口佳肴吧，犹如明天你再不能嗅闻品尝。充分利用每一个感官，通过自然给予你的几种接触手段，为世界向你显示的所有愉快而美好的细节而自豪吧！不过，在所有感官中，我相信，视觉一定是最能使人快乐的。